AF337451

JEAN-FRANÇOIS-JOSEPH AZAIS

PRÉSIDENT DU TRIBUNAL CIVIL DE CASTRES

ETUDE D'HISTOIRE CONTEMPORAINE

1770-1837

PAR

ANACHARSIS COMBES

CASTRES

Imprimerie de veuve Grillon, A. Terrisse et I. Fabre.

—

1868

Jean-François-Joseph AZAIS

Président du tribunal civil de Castres

ÉTUDE D'HISTOIRE CONTEMPORAINE

L'histoire locale, comme celle qu'on peut écrire à un point de vue plus général, est à la fois géographique, chronologique, administrative, industrielle et biographique. Quelles que soient toutefois ses spécialités, elle ne peut avoir d'autre objet que de mettre en rapport les hommes et les choses dans le but d'en déduire un enseignement quelconque. Que l'écrivain agisse par la simple description d'un pays déterminé ; qu'il y choisisse des éléments collectifs, propres à démontrer son importance ou sa valeur relativement progressive ; qu'il s'en serve pour expliquer comment il a été le contre-coup d'un mouvement de civilisation, venu de plus haut, il n'en est pas moins tenu de se renfermer dans la limite de faits vrais, intéressants, utiles, en un mot moralisateurs ; car là se trouve le principe essentiel de sa mission.

C'est ainsi qu'ont procédé presque tous les historiens des temps modernes. En face des éléments découverts ou conservés au lendemain de la Révolution Française, tout à l'idée de compléter l'œuvre de leurs devanciers, souvent n'ayant voulu voir qu'un seul point, souvent même un seul homme, ils se sont montrés plus universels, plus sociaux, plus *populaires* dans le sens fondamental de ce dernier terme. En suivant cette voie, ils ont demandé à chaque grand événement quelle avait été son action intellectuelle, morale et physique sur la famille, sur la cité, sur la nation, sur le royaume, sur les empires, sur les continents, enfin sur le globe entier, de manière à conclure par une loi providentielle formulée en un seul mot, *le progrès*.

Cette loi serait fausse si on ne retrouvait son application ou ses conséquences un peu partout, suivant les diverses époques, à chaque degré de l'échelle sociale. Aussi son caractère affirmatif résulte-t-il des travaux particuliers, entrepris pour la vérifier par des exemples.

Voilà ce que nous avons tenté de faire en écrivant l'histoire du Pays Castrais, histoire d'abord coordonnée suivant la chronologie des faits, se succédant passivement sans observations et sans commentaires. Nous nous sommes occupé ensuite à l'analyser par des études correlatives mais indépendantes l'une et l'autre, soit sur la langue romane parlée ou écrite par les habitants de ce pays, soit sur les établissements communaux, scientifiques ou judiciaires qui avaient exercé une influence salutaire autour d'eux, soit sur des détails collectifs ou individuels, ramenés au point de vue de la glorification de cette petite patrie dont la formation, l'existence et le développement, ne furent pas une des parties les moins importantes de l'ancienne province de Languedoc.

Ce que nous avons fait pour les temps anciens, nous allons l'entreprendre, en nous plaçant à une époque plus rapprochée. Après notre appréciation des choses et des personnes d'autrefois, nous tenons à cœur de rendre une aussi impartiale justice aux événements contemporains comme aux hommes qui s'y sont mêlés avec honneur et utilité. Si la postérité va commencer pour eux, il est de notre devoir de la prémunir contre des méprises ; la tradition se montre souvent incertaine ; les documents exacts sont rares ; les jugements varient suivant les circonstances. Venons en aide à la certitude, à la vérité, à la justice ; ce sera assez pour nous absoudre de tout reproche de prévention ou de vanité lorsque nous aurons renfermé dans le cadre d'une simple biographie, une des figures les plus expressives, sinon les plus remarquables, de notre temps comme de notre pays, *avant*, *pendant* et *après* la Révolution de 1789. Cette figure est celle de JEAN-FRANÇOIS-JOSEPH AZAIS.

I

Malgré l'inégalité des conditions, fixant à chacun sa place bien marquée dans les diverses classes de la société, l'ancien régime n'avait pas de barrières infranchissables pour les hommes de travail, d'ordre et d'économie. Ils ne tardaient pas à améliorer leur position sociale; ils passaient rapidement du rang de prolétaires à celui d'ouvriers aisés. De là il leur était facile de s'introduire dans la bourgeoisie, alors que celle-ci, à ses différents degrés, admettait tous les habitants d'une même cité, en assurant à ses supériorités spéciales des immunités ou des avantages se confondant avec les siens. Ainsi, la ville de Castres, véritable municipalité jusqu'au moment ou Lous XIV voulut attenter à ses franchises pour les plier à sa toute puissante volonté, avait conservé un caractère d'indépendance communale et de bien-être collectif, qui lui permettait d'attirer dans ses murs et d'y fixer le trop plein des campagnes voisines ou de certains points de Languedoc trop pauvres pour se nourrir; sa position sur une belle rivière, la douceur de son climat, quelques progrès dans une agriculture, vouée principalement encore à la propagation des bêtes à laine, avaient favorisé de premières tentatives d'industrie manufacturière qui reparèrent bientôt les pertes occasionnées par les guerres religieuses. Par suite, la richesse locale s'était développée; et pendant que l'ancienne noblesse, sans mission sociale, sans personnalités saillantes, affaiblie par une oisiveté déjà séculaire, désertait ses châteaux pour aller s'enterrer, avec un reste d'éclat, dans la domesticité du grand roi, les plus obscurs travailleurs de Castres, naissaient, grandissaient, et s'élevaient peu à peu. Attirés dans le pays comme ouvriers, n'emportant souvent du lieu de leur naissance que leur force physique, ils devenaient maîtres. Bientôt avec un peu d'éducation et le moyen de gagner leur vie, quelques-uns arrivaient aux positions subalternes de la pratique du droit ou de la médecine. Les plus distingués sortaient de là pour être gens de robe ou d'administration ; enfin, après une génération, ces enrichis du travail parvenaient à acheter, argent comptant, quelques-unes de ces lettres de noblesse, dont les rois de France depuis Henri IV, Louis XV surtout, se montrèrent si prodigues, sans se douter peut-être que quelquefois elles pouvaient être une consécration du mérite personnel.

Cette histoire collective des familles notables de la ville de Castres, principalement au dix-huitième siècle, s'applique de tout point à celles des Azaïs. Celui qui en fut le chef, sur ce nouveau théâtre, était originaire du petit village de La Salvetat, au diocèse de St-Pons de Thomières. Là s'était formée avec le temps une maison de cultivateurs, d'une aisance encore bien peu considérable. Après la révocation de l'édit de Nantes, de nombreux vides avaient eu lieu, par le fait des expatriations dans l'industrie commerciale ou manufacturière du Languedoc. Sous ce rapport, Castres avait été cruellement frappée. Elle tenait à les remplir, et pour cela elle appelait dans ses murs des contrées voisines, soit des religionnaires fugitifs, dont elle voulait bien ignorer la provenance, ou la taire aux autorités supérieures de la province, soit des catholiques arrachés à la terre pour les besoins de l'industrie manufacturière. Cette dernière catégorie comprenait un certain Jean Azaïs. Il vint se fixer à Castres, dans le quartier dit de la *Curatarié*, (manipulation des cuirs) comme ouvrier parcheminier. En même temps un de ses frères détaché comme lui du tronc commun, que l'aîné de la famille conservait à La Salvetat, après un partage effectué suivant les lois de l'ancien régime, se transportait à Villeneuve-les-Béziers, à l'effet d'y exercer la profession de chirurgien-barbier de village.

Jean Azaïs, d'abord simple ouvrier, pendant le temps que les contumes locales exigeaient alors pour l'apprentissage, bientôt devenu marchand, c'est-à-dire maît̃ par l'application de son petit pécule ou de ses premières épargnes à l'art de préparer les peaux, se maria en 1695, avec Marie Julié, d'une famille de métayers du lieu du Castelet, paroisse de St-Hippolyte de Gaïx. Il en eut trois enfants, deux garçons et une fille. Il leur fit donner une éducation étendue, suivant les ressources du temps, éducation qu'il n'avait pas lui-même puisque dans l'acte baptistaire du dernier il se déclara complètement *illétéré*.

L'aîné de ces enfants, du nom d'*Antoine*, né le 25

novembre 1696, dut à son instruction, d'obtenir quoique très jeune, la position de greffier des consuls de la communauté de Castres; le second, *Jean*, comme son père, né le 2 février 1708, au sortir de l'école fut placé, en qualité d'abord de copiste, ensuite de clerc dans une étude de notaire. Il ne tarda pas à s'y faire distinguer par une aptitude spéciale aux affaires, surtout par ses dispositions à s'attacher une clientèle confiante et dévouée. Cela le mit à même de contracter alliance avec une honorable famille, élevée comme la sienne par le travail, mais plus riche. Ainsi, il put devenir titulaire de sa fonction. Il l'exerça avec une honnête ambition de considération, d'influence et de profit, depuis 1738 jusqu'en 1783, époque de sa mort, c'est-à-dire pendant quarante-cinq ans.

Ce qui y ajoutait encore, c'était la position que devait prendre, quelques années après, son frère Antoine. La place de ce dernier auprès des consuls avait été pour lui une école d'administration. Conservant seul la tradition que les autorités locales, renouvelées tous les ans, laissaient nécessairement s'affaiblir entre leurs mains, il s'en était servi pour l'intérêt de la communauté, dans les terribles circonstances, où elle s'était trouvée pendant plus de vingt ans. Les productions de la terre à peu près anéanties à la suite de l'hiver de 1709, et faute de bras pour les régénérer; le voisinage de la peste de Marseille, nécessitant dans toutes les agglomérations du Languedoc, des précautions incessantes, le plus souvent vexatoires ; l'incendie de 1724, qui dévorant pendant plusieurs jours, seize maisons dans le quartier le plus peuplé de la ville de Castres, y occasionna une perte effective de 500,000 livres ; les ateliers de charité qu'il fallut organiser alors avec promptitude et résolution, afin de donner à vivre à des habitants réduits à la dernière misère ; les suites désastreuses pour le commerce du pays d'un nouvel édit contre les protestants, obtenu du roi par le duc de Bourbon, qui voulut lui aussi avoir sa part dans la faute de la révocation de l'édit de Nantes ; les nombreuses difficultés qu'éprouva Mgr de Beaujeu, évêque de Castres, pour préserver son diocèse de la famine, de la contagion, des désordres de la régence, ou des prodigalités du nouveau règne, telles furent les circonstances où le nom encore bien obscur d'Antoine Azaïs se trouva mêlé, comme cheville ouvrière de l'administration locale, jusqu'au moment où son savoir et son expérience lui inspirèrent l'idée de devenir lieutenant de maire dans la ville de Castres. Il fut pourvu de cette charge le **22** janvier 1743 par ordonnance du roi, *aux gages de* **300** *livres à prendre sur les fonds de la ville, et, en cas d'insuffisance, sur les finances du roi en la généralité de Toulouse.*

L'honorabilité de la famille Azaïs, assise ainsi, d'un côté sur la capacité d'un administrateur qui, pendant douze ans se montra remarquable par des actes saillants d'intérêt communal, de l'autre sur la confiance qu'inspirait un notaire, chargé spécialement de toutes les affaires du chapitre métropolitain, et, à l'exemple

de ce dernier, de celles des communautés religieuses,
cette honorabilité ne fit que grandir. Le concours des
deux frères toujours entretenu, toujours homogène,
consolida, tout le temps de leur vie, cette solidarité de
famille, cette communauté de principes civils et reli-·
gieux, ces secours mutuels d'assistance ou de conseil,
qui donnaient autrefois une si grande force aux
hommes portant le même nom, provenant de la même
origine, partageant les mêmes idées comme les mêmes sentiments.

Jean Azaïs, notaire, transmit ces avantages à ses
enfants. De son mariage avec Catherine Périé, étaient
provenus deux garçons et deux filles. Le premier
Joseph-Antoine, né le 4 avril 1744, après une ins ·
truction primaire très restreinte, reçut dans la maison des Jésuites de Castres, cette éducation classique
qui suffisait alors pour l'exercice des professions libérales. Elle l'amena jusqu'à la porte de la faculté de
droit de Toulouse, en le faisant passer par un cours
de philosophie, fait au collége de l'Esquile de cette
ville. Là, il prit ses grades successifs, et obtint le titre d'avocat au parlement. Le second, Jean-Baptiste,
né le 8 août 1749, suppléa à cet enseignement spécial, par un espéce de stage, effectué dans le notariat
de son père. Il y servit quelque temps de secrétaire
ou de maître-clerc ; enfin, il devint procureur au sé-
néchal de Castres. C'est dans cette nouvelle position
qu'il appela près de lui et qu'il forma à l'esprit des
affaires deux hommes que la révolution devait faire
plus tard, l'un procureur impérial d'un tribunal de

première instance, l'autre procureur général d'une cour impériale, juge au tribunal de cassation et Baron de l'Empire.

Joseph-Antoine Azaïs, avocat en parlement, enfant d'une aimable docilité, jeune homme studieux et d'une conduite à l'abri du moindre reproche, homme d'un esprit droit et d'un cœur excellent, eut bientôt fixé sur lui l'attention et la bienveillance de Mgr de Barral, évêque de Castres. Ce dernier, qui n'était pas seulement un savant et charitable homme d'Eglise, mais un administrateur d'un mérite exceptionnel, l'avait distingué parmi les meilleurs sujets de son diocèse. Il voulut contribuer à son établissement définitif. Pour cela il le mit en rapport avec M. François Roux, venu, comme le prélat, des environs de Grenoble, pour gérer ses intérêts pécuniaires. Mgr de Barral n'étant encore que vicaire général à Aurillac l'avait marié dans cette ville, avec Mlle Bouvier, né· à Vienne en Dauphiné. Il compléta son œuvre de généreuse affection en faisant accorder à Joseph-Antoine Azaïs, la main de Mlle Félicité Roux, fille unique, élevée par les Dames régentes de Castres, et ayant l'assurance d'une belle fortune.

Cette alliance produisit un fait physiologique, digne d'être remarqué. Jusques-là les Azaïs s'étaient succédés dans deux générations, en transmettant à chacun de leurs membres, un tempérament fort, mais essentiellement lymphatique, et par suite un caractère manquant peut-être d'initiative morale ou d'activité corporelle. L'infusion du sang dauphinois

vint ajouter au sang languedocien une nature particulière ; elle se traduisit dans le cours de la vie par
plus d'exaltation, plus de mouvement, plus de témérité, moins de penchant pour les goûts sédentaires,
pour les liens du mariage, pour la fixité des habitudes. C'est ce que semble prouver la différence longtemps observée de la personnalité des deux branches
de la famille ; c'est en même temps ce qui peut expliquer, dans son ensemble, l'individualité saillante
qui fait l'objet de cette étude.

II

Le fils aîné de Joseph-Antoine Azaïs, dit du *Pont
neuf*, à cause de la situation de sa maison construite
en 1617 (elle présente encore cette date à côté de la
porte d'entrée) et faisant face par son extrémité au
débouché inférieur du pont construit ou reconstruit
sur la rivière d'Agoût, après la terrible inondation
de 1603, dénomination, d'ailleurs, qui le différenciait
de la famille de son oncle Antoine, appelé pour une
raison analogue Azaïs du *Pont vieux*, naquit le 2
janvier 1770. Il fut baptisé sous les prénoms de *Jean-
François-Joseph*, les deux premiers du chef de ses
grand-pères paternel et maternel, le dernier apparte_
nant à son auteur. Il a été expliqué, dans un écrit
tout spécial, quelle était encore à cette époque la haute
moralité de ces désignations patronimiques à raison
même de la constitution de la famille. On a établi
comment la tradition la personnifiait successivement

en cherchant à lier, par un principe religieux le présent au passé. On a démontré, enfin, comment les prénoms suivaient chronologiquement les événements locaux et contemporains, sous l'ancien régime, comme sous celui des constitutions modernes. En **1770**, les registres baptistaires tenus par les curés des paroisses étaient exclusivement catholiques de droit et de fait. Les noms seuls du calendrier Grégorien s'y faisaient inscrire. Seulement, chaque génération, donnait à l'aîné de la race, le prénom transmis de degré en degré à ses prédécesseurs au même titre. C'est ce qu'on appelait, le *saint* de la famille.

Jean-François-Joseph Azaïs, apprit par là peut-être, qu'il représentait, en souvenir permanent, la confiance illimitée que son grand-père *Jean* s'était acquise à force d'assiduité au travail; la bonne position de son autre aïeul *François*, entré noblement dans les rangs de la bourgeoisie par le chemin de l'éducation et de l'aisance; enfin l'intelligence, la réputation et les services de son père *Joseph,* déjà parvenu au jour de son mariage à un rang supérieur parmi les citoyens utiles de la ville de Castres. C'est en effet sous ce triple rapport que sa carrière privée ou publique devait se rendre recommandable.

Son éducation première eut lieu dans la maison paternelle. Elle s'y confondit avec celle de ses deux frères et de ses deux sœurs, nés tous dans un espace de sept ans, tous mis successivement en nourrice à l'extérieur, tous retirés de bonne heure des mains étrangères pour être soumis à la direction comme à la surveillance de leur mère. Ce double devoir, celle-ci l'exerçait avec une abnégation complète envers elle-même, mais aussi avec une sévérité excessive à l'égard de ses enfants. Souvent son regard seul leur arrachait des larmes. Une de ses paroles les faisait trembler. A leur table particulière, très parcimonieusement servie, aucun n'osait rien demander, souvent même n'osait rien recevoir. Il est vrai que la mère disait quelquefois à ses filles : *Telle ou telle, mangeriez-vous de cela?...,* et sur la réponse bien timide de *Oui, maman,* celle-ci répliquait : *Vous n'en aurez pas, vous êtes une gourmande.*

Une pareille rigidité, avait pourtant ses bons résultats. On peut en donner pour preuve un fait assez extraordinaire ; c'est celui de la conservation du même joujou, d'une extrême fragilité, dans la famille Azaïs, pendant plus de quatre-vingts ans. Ce joujou avait été apporté par M. Roux aux enfants de sa fille, déjà au nombre de trois, en 1773 ; date précise, car elle est déterminée par un voyage à Montpellier, effectué en cette année, à l'occasion du règlement des affaires de Mgr de Barral, mort dans cette dernière ville. Le joujou en question, figurait un pantin, renfermé dans une boîte. En ouvrant celle-ci, on en retirait le personnage, destiné à être placé sur divers points échelonnés, de manière que, sans le moindre secours, il basculait sur lui-même, s'appuyant alternativement sur ses mains et sur ses pieds, jusqu'à ce qu'il fût tombé immobile sur une surface plane. L'œuvre en elle-même n'avait rien de bien remarquable ; d'autre part, tout le système s'explique par l'inclusion dans une espèce d'étui en bois léger, d'un globule de mercure, pouvant couler petit à petit et successivement dans les deux extrémités, afin de les élever tantôt l'une tantôt l'autre. Eh bien, la chose remarquable, c'est que ce joujou ait pu servir si longtemps d'amusement, soit aux cinq enfants de Mme Azaïs, soit à ses petits enfants au nombre de quatre, soit à d'autres, sans éprouver la moindre déchirure, la moindre altération, le moindre dérangement. Il est vrai que cette dame mère ou grand-mère, s'était attribué et avait conservé intact le privilège de le manier elle-même, de ne jamais le confier à d'autres soins que les siens, de n'admettre à cette récréation, souvent renouvelée d'ailleurs, q ue les yeux et jamais les mains de ses spectateurs enfantins. Devant elle ils oubliaient leur turbulence naturelle, leur curiosité destructive ; et cela, parce que, grands ou petits, elle savait les dominer par la force de son caractère, et la vigueur de sa volonté.

Ce système préventif et répressif à la fois, manquait de raison d'être dans une famille qui n'en était plus à la nécessité des privations, dont les habitudes avaient tourné déjà vers un certain bien-être. Il contrariait d'ailleurs la manière de voir et de vivre de Jean Azaïs et de François Roux, l'un et l'autre d'un caractère plein de bonhomie et par suite porté à la générosité. Joseph Azaïs, lui-même, se montrait ennemi des allures trop parcimonieuses de sa maison ;

mais homme de paix avant tout, absorbé d'ailleurs par les intérêts de sa clientèle bientôt nombreuse, ayant très-peu de besoins par lui-même, il laissait l'intérieur de son ménage, sous l'empire à peu près exclusif de sa femme.

A part ce travers, justifié en quelque sorte par les mœurs du temps, plus encore par les graves circonstances de disette et de famine, que le pays castrais venait de subir, Mme Azaïs avait toutes les qualités de quelques autres femmes de son époque qui restaurèrent ou établirent, sur les mêmes lieux, de puissantes maisons. Toute entière à son œuvre de maintenir la famille en la constituant sur le travail, elle cherchait comme elles à conjurer d'avance les dangers de la dissipation et de l'oisiveté. Elle prêchait à sa manière, l'ordre, l'économie, les avantages de l'épargne, la modération dans les désirs, (toutes choses que nous semblons avoir un peu trop oubliées aujourd'hui). Elle pressentait instinctivement un temps où la fortune de son mari, augmentée de la sienne, ne suffirait pas à l'établissement convenable de ses nombreux enfants, eux qui avaient déjà, par leur condition de naissance, le droit de recevoir une instruction complète et sagement appropriée à leur avenir.

Aussi, le temps venu, Jean-François-Joseph Azaïs, fût-il placé entre les mains d'un professeur de grammaire française et de latin. En peu de temps il fut en état de se présenter à la classe de cinquième du collége de Castres, un des meilleurs de cette époque, parce que, peut-être, il savait se renfermer dans l'étude de cette langue, comprenant taxativement cinq années, dont trois consacrées aux principes grammaticaux et de traduction, et les deux dernières (humanités et rhétorique) ne servant plus qu'à des applications , avec les auteurs romains pour texte , et les classiques français pour commentaire comparatif.

Dans cette éducation classique, Azaïs prit bientôt un rang supérieur. Il le partagea quelquefois avec un de ses amis d'enfance, né comme lui d'un père avocat, et d'un grand-père notaire. La conformité de profession avait uni intimement les deux familles. Les mêmes goûts, les mêmes habitudes, la même considération dans la ville de Castres les distinguaient. De là, devaient surgir deux brillantes carrières, l'une parcourue par Azaïs, l'autre par Silvestre Ricard, destiné à être Comte, Lieutenant-Général et Pair de France.

Ils arrivèrent ensemble, le même jour à Toulouse, à l'effet d'y commencer et d'y poursuivre leurs études de droit. Ces études nécessitaient, préalablement, un cours de philosophie, fait au collége de l'Esquile; l'homme qui le professait était Laromiguière, alors membre de la célèbre corporation des Doctrinaires, plus tard nommé à l'Institut au moment de sa formation. Les deux jeunes castrais profitèrent avec avantage de l'enseignement d'un pareil maître. Ils sortirent de ses mains non seulement plus instruits, mais admirablement disposés à soutenir par la parole et l'écriture les diverses épreuves des grades

successifs, de la profession à laquelle ils se desti-
naient l'un et l'autre.

Dans ces circonstances, Azaïs surtout se fit con-
naitre par un genre d'esprit tout-à-fait approprié
aux affaires, une grande facilité d'élocution, un talent de logique très-sûr, une action puissante sur
ceux qui l'écoutaient, et auxquels il faisait bien vite
partager ses opinions ou ses sentiments.

C'est ce qui fut remarqué par des hommes compé-
tents, lorsqu'après une année passée à l'école de
droit, il retourna à Castres pour se mêler près de
ses parents et de concert avec eux, au mouvement
encore unanime des premiers jours de la révolution.
Il y trouva son père venant de présider une section
de l'assemblée des électeurs du Tiers-Etat, aux accla-
mations empressées de tous ses concitoyens. Il y vit
son oncle Jean-Baptiste Azaïs, promu par la voix populaire aux fonctions de second consul de la ville,
calmer la première insurrection locale, de cette époque d'enthousiasme, mais aussi de violence. Il y par-
ticipa à ces assemblées du peuple, que la bourgeoisie
tenait encore sous sa dépendance; et il ne tarda pas à y
marquer par une supériorité incontestable de savoir
et de courage.

Cette position le suivit à Toulouse pendant ses deux
dernières années d'études du droit; si bien qu'à
l'occasion de la mort de Mirabeau, il fut délégué par
délibération de ses condisciples, à l'effet d'aller à
Lavaur, pour annoncer ce grand évènement et pro-

noncer le discours de circonstance ; discours impro-
visé, mais tellement dans la situation, qu'il a pu être
recueilli presque textuellement , quelques années
après, en l'écrivant sous la dictée de personnes qui
n'avaient fait que l'entendre.

III

Malgré son titre d'avocat, malgré les dispositions
naturelles ou acquises qu'Azaïs apportait à l'exercice
de cette profession, il trouva en rentrant dans son
pays natal la carrière complètement fermée. On était
à la veille du 10 août. Qu'auraient eu à faire les tribunaux réguliers, devant le torrent révolutionnaire,
se développant dans ses plus terribles proportions ?
Que pouvait-on espérer de la justice des temps de
calme, au moment où le peuple allait la remplacer
par l'assassinat à domicile ? Quelle voix était assez
puissante pour dominer les vociférations des clubs ou
de la rue ? Aussi les hommes de la trempe d'Azaïs,
de sa position sociale, de son avenir, cherchaient-ils
le moyen de se dérober aux drames sanglants qui
se jouaient sur un théâtre, n'offrant plus de rôle
pour eux. La levée en masse du mois de septembre
1792, la déclaration de guerre faite à l'Espagne,
bientôt suivie du décret du 24 février 1793 qui or-
donnait une levée de 300,000 hommes, prescrivait
d'ailleurs d'autres devoirs. Le premier était celui de
la défense des frontières envahies. Aucun bon citoyen
n'y manqua. En peu de jours tous les jeunes gens,

riches ou aisés, de la ville de Castres et des contrées circonvoisines, se trouvèrent réunis à Revel ; ils y formèrent avec des grades décernés par acclamation, le noyau d'un régiment de dragons dit *du Tarn ;* ce que quelques mauvais plaisants affectaient de prononcer *du retard.* Pitoyable jeu d'esprit qui n'était ni juste, ni vrai ! Plaisanterie déplacée qu'Azaïs ne permit jamais en sa présence, lui qui, plus de vingt ans après, présidant une audience correctionnelle, où un témoin parlait d'un homme qui avait servi dans *les dragons du retard,* l'interrompit en disant : *Plus de respect, monsieur, pour un corps dont la bravoure ne fut jamais mise en question, et où je m'honorerai toujours d'avoir servi, avec les gens les plus recommandables de notre pays.*

Les historiens de la révolution ont souvent écrit qu'alors l'honneur de la France s'était réfugié aux armées. Jamais vérité plus incontestable si l'on se rappelle la première formation des régiments de 1792. Celui des dragons du Tarn, destiné à devenir le 15e de cette arme pendant les campagnes de l'Empire, se montra surtout remarquable par son caractère de patriotisme sincère, d'abnégation personnelle, de bonne et durable camaraderie.

Là, en effet, s'était *réfugiée* l'élite de la bourgeoisie castraise, agricole ou commerçante, protestante ou catholique ; là se trouvaient les aînés, souvent même la totalité des enfants de ses meilleures familles ; là apprenaient à se connaître pour s'apprécier et rester amis toute la vie, un certain nombre de jeunes gens, aimables ou instruits, qui quoique simples soldats, s'imposaient à la masse, par l'ascendant de leurs connaissances et de leur éducation ; là, enfin, l'autorité disciplinaire des grades, représentée par des sujets, choisis parmi le peuple, mais éprouvés par une moralité suffisamment établie, se maintenait égale et fraternelle, parce qu'elle procédait de besoins ou de consentements mutuels.

Tels sont les souvenirs que le régiment laissa à Revel, ou il se forma, à Auch où il tint sa première garnison, et au camp de Lajonquière où il fit partie définitivement de l'armée des Pyrénées-Orientales sous le commandement successif des généraux Servan, Defins, Dugommier, et Perignon.

A peine arrivé sur ce point, Azaïs fut indiqué au général de brigade Despinois, pour lui servir de secrétaire particulier.

C'était un homme aimable, de bonnes manières, d'une instruction étendue, d'une valeur militaire incontestable, quoiqu'on ait pu dire dans la suite, et qui traitait Azaïs avec les sentiments d'une vive affection. Celui-ci le lui rendait : de jour en jour il s'attachait davantage à son général qu'il accompagnait partout. Ainsi, il se battit à la bataille d'Ascola, ou de la montagne noire, et fut fait prisonnier dans les murs de Figuières, pendant que ses compatriotes prenaient cette ville aux Espagnols, après six jours de blocus. C'est en rappelant plus tard cette circonstance, qu'Azaïs s'écriait à l'occasion de Despinois disgracié sous l'Empire, et atteint à cette occasion par de graves calomnies : *Non, il ne manquait ni de courage, ni même de témérité, cet homme que j'ai vu, dans les rues de Figuières, charger les espagnols à cinquante pas en avant de la colonne, avec une simple cravache à la main ; ce témoignage, plus que personne, j'ai le droit de le lui rendre ; car j'étais alors à côté de lui.*

Voici une lettre qu'il écrivait à cette occasion :

A monsieur, monsieur Combes, fils aîné, à Castres, département du Tarn.

« A Barcelonne, le 6 juillet 1793.

« Je suis, mon ami, prisonnier de guerre, mais je suis bien portant, et c'est ce que je désire de te faire savoir afin de calmer tes inquiétudes à mon égard et celles de tous nos amis. J'espère de vous revoir et de vous presser contre mon cœur. Mais ce plaisir sera toujours trop retardé. Adieu. — Azaïs, aîné. »

Pendant sa captivité, Azaïs avait contracté une cruelle maladie. Afin de se soigner, il profita d'un échange de prisonniers et d'un congé qui lui fut facilement accordé, après un dernier succès des français, vers le milieu de l'année 1794 pour rentrer dans le sein de sa famille. Elle ne résidait plus à Castres ; elle s'était reléguée au fonds d'une campagne ; elle se trouvait réduite à la mère et aux deux filles, tous les jours menacées, par des énergumènes, prétendant les punir de leurs regrets de ne pouvoir pas *entendre la messe.* Le père arrêté au fort de la terreur, sous l'accusation de *fanatisme,* enfermé comme suspect dans les bâtiments du séminaire, avec toutes les autres notabilités de la ville, en était encore à attendre son élargissement. De ses deux frères, l'un, soldat comme lui, n'avait pas encore obtenu de quitter le régiment; l'autre proscrit pour ses sentiments royalistes parcourait, en se cachant, les montagnes de Brassac et de la Salvetat. M. Roux (aïeul maternel) vivait isolement dans un coin perdu des environs de Labruguière, sauvegardant, autant qu'il le pouvait par sa présence, ses possessions de plus en plus exposées au pillage, ou à la séquestration. Seul, son oncle, Jean-Baptiste Azaïs, ayant conservé sa position de secrétaire-général de l'administration centrale du Tarn, parce qu'il aurait été difficilement remplacé dans un temps de famine, d'émeute ou de licence, comme était celui où l'on se trouvait à cette époque, veillait, dans la mesure de son influence ou de sa force physique, aux intérêts de son frère, dont la personne ne pouvait être alors mieux garantie que par la réclusion. On jugera beaucoup mieux de la position des choses par la lettre suivante :

« A Castres, le 30 brumaire, 3e annnée républicaine.
(30 octobre 1794).

« Au citoyen Combes, secrétaire, restant chez la cit. veuve T...., près la place Simoneaux, à Narbonne, département de l'Aude,

« Salut et amitié,

« Je te réponds enfin, mon cher Combes, et j'espère que tu voudras bien m'excuser un peu de négligence à laquelle mon cœur n'a point de part. J'ai été très sensible à l'attention que tu as eue de me témoigner la joie que t'a fait éprouver la nouvelle de l'acte d^e justice qui a été rendu à l'égard de mon père. Je connais trop bien ton cœur pour avoir douté un seul instant de la part qu'il a prise à cet évènement. Il devait jouir du plaisir qu'il a causé à tout honnête homme et plus particulièrement à ton ami. Je ne me suis pas trompé dans mon opinion et voilà pour moi un nouveau motif de joie et de persévérance dans les sentiments que je t'ai voués.

« Je n'ai rien de nouveau à t'apprendre. J'habite la campagne, c'est comme si je vivais à cent lieues du théâtre de tout évènement. Cependant on vient de me dire que Sancerre, Taillades, Beaudecourt fils, venaient d'obtenir leur élargissement de la justice du comité de sûreté générale. Mallarmé qui était attendu avec impatience, se propose d'aller à Auch avant de parcourir le département du Tarn. Voilà bien des espérances ajournées.

« Je ne vais point à Castres. Ma maladie m'a laissé un grand affaiblissement qui m'interdit, indépendamment de toute autre cause, les promenades trop longues. Je ne puis donc être instruit des historiettes de Castres que par ricochets, et je les ai oubliées lorsque l'occasion de les communiquer se présente.

« Je suis au moment d'être placé en qualité de secrétaire auprès du général Charlet, et je n'attends plus que la réquisition de Dugommier. Une loi dont je viens de prendre connaissance me soumet à une nouvelle formalité, que j'obtiendrai j'espère. Cette loi t'atteint également, mais j'ai la vive confiance que les représentants du peuple, jugeant par eux-mêmes de ton état t'accorderont la permission de rester au poste que tu occupes. Ils le doivent et je le désire. Puisses-tu m'apprendre bientôt une nouvelle si propre à m'intéresser. Adieu, mon cher ami, tâche de te bien porter et de me donner un peu de part dans ton souvenir. — Azaïs, aîné. »

Ces changements opérés pendant l'éloignement d'Azaïs et sa présence à l'armée, ne pouvaient manquer de refroidir, mais non pas d'éteindre tout-à-fait son premier enthousiasme pour la révolution. Certainement il n'aurait jamais consenti, ni à ce moment ni plus tard, à en renier les principes. En aucune circonstance il ne se montra, comme tant d'autres, aveuglement réactionnaire. Toujours il conserva dans son cœur, dans ses idées, dans ses actes, un fonds de patriotisme s'appliquant soit à la France qu'il venait de défendre, soit à sa cité natale, à laquelle il allait entièrement se dévouer.

Dans ce but il se posa résolument, avec intelligence et courage, comme le défenseur des intérêts populaires, ou privés ou publics. Il ouvrit son cabinet d'avocat, à tout le monde, sans exiger la moindre rétribution. Il se mit au service des malheureux quels qu'ils fussent ; il prit surtout à cœur la satisfaction des besoins les plus pressants du pauvre. Il se nomma, lui-même, administrateur des hôpitaux, dont il provoqua le rétablissement immédiat. Il y organisa les premiers secours pour ses frères d'armes, les soldats malades, évacués des casernes de Perpignan ou de Narbonne ; il les y entretint au moyen de quelque peu d'argent, conservé, non sans danger, depuis trois ans, par deux réclusionnaires de la terreur, pour être employé à des œuvres de bienfaisance suivant les volontés testamentaires de M. Hyacinthe De Bonne-Montmaur.

Une pareille mission de bien public, qu'Azaïs s'était donnée lui-même, n'était pas sans de très grandes difficultés ; d'autant plus qu'il ne pouvait être aidé par personne. Les hommes connus pour leur talent à gérer les intérêts communaux, ceux dont les dispositions s'étaient révélées, sous ce rapport, dans les premiers temps de la révolution, où se cachaient où se trouvaient emprisonnés (un seul excepté) comme anciens nobles, comme fédéralistes, comme fanatiques, comme négociants accapareurs, ou comme réfractaires à la loi du *maximum*. Ces divers chefs d'accusation comprenaient à-peu-près les représentants de toutes les classes utiles. Malgré son isolement, Azaïs n'en poursuivit pas moins sa tâche avec persistance et dévouement. Il est vrai qu'il trouvait dans sa propre volonté, des ressources, que le concours d'autrui aurait peut-être affaiblies. On en jugera par le fait suivant, qu'il se plaisait à raconter et où se dessine à merveille la force de son caractère, et la portée de son intelligence.

Son père, encore détenu, venait de lui révéler, que

plusieurs jours avant son incarcération, il avait fait enfouir de nuit dans un carré du jardin de sa campagne de *Boufanet,* par un ouvrier dont il croyait être sûr, tous les vases d'église, tous les chandeliers, toutes les lampes en argent massif, composant les objets de service ou d'ornement de la chapelle des dames de *la Présentation.* Ce dépôt, qui n'avait d'autre garantie de conservation que le secret, confié d'ailleurs à la terre dans un endroit, ouvert à toute sorte de perquisitions, peut-être mal nivelé à sa surface, où indiqué par une différence de végétation, exposait la famille Azaïs, d'abord à des soupçons, ensuite à une découverte, qui pouvait entraîner la condamnation et la mort de tous ses membres. Azaïs le comprit bien vite. Aussi, sans hésiter, en pleine nuit, seul il se mit à l'œuvre, une pioche et une pelle à la main. Il parvint à retrouver chacun des objets enfouis. Il les transporta un à un, dans la chambre qu'il occupait à la campagne ; il les déposa dans plusieurs corbeilles, recouvertes d'un simple linge : et le lendemain, escortant lui-même, des femmes qui les avaient chargées sur leur tête, à l'heure de midi, traversant avec elles les lieux les plus fréquentés de la ville de Castres, il alla faire déposer le tout entre les mains de Mlle de Barral, sœur de l'avant-dernier évêque et propriétaire, à ce titre, de ce riche mobilier. Il savait d'avance que là sa sûreté serait complète ; car il avait appris de la notoriété publique, que jamais les bandes révolutionnaires, n'avaient osé pénétrer dans le domicile de cette sainte fille, arrêtées à la porte par la vénération personnelle qui l'entourait, et par le souvenir des bienfaits que l'administration de son frère avait répandus avec la plus généreuse prodigalité, sur tous les habitants de la ville de Castres.

Cette bonne popularité qui survivait à Mgr de Barral, Azaïs allait l'acquérir pour son propre compte. En effet, à travers l'exaltation plus factice que réelle, produite par le régime de la terreur, surtout sur certains petits centres, perçait déjà pour le peuple le désir d'abdiquer sa puissance d'un jour, et d'en déposer l'exercice entre des mains plus habiles que les siennes. Le mérite personnel allait avoir sa légitimité ; le pouvoir lui revenait de droit, quand il se serait fait reconnaître par des services palpables, ou par des talents exceptionnels. Ainsi fut pour Azaïs son début au barreau. Il eut lieu dans le courant de l'année 1795.

A ce moment, le régime de la terreur s'était considérablement affaibli. Les prisons avaient été rouvertes; par là même, avec leurs chefs naturels, les familles s'étaient reconstituées sous la loi du travail s'appliquant d'abord à la satisfaction des besoins de la vie et à l'exercice des professions libérales. Toutefois ce nouvel ordre de choses, ne s'accomplissait pas, sans amener avec lui un mouvement de réaction, dont tous les gens honnêtes et bien intentionnés cherchaient à prévenir ou tout au moins, à modérer la violence.

Ainsi l'on pourrait expliquer comment fut amené, devant le tribunal criminel du département siégeant alors à Castres, un homme appartenant aux classes élevées de la société, et accusé d'un meurtre commis à coups de couteau, dans la séance d'un club révolutionnaire. Il ne tenait aux Azaïs ni par la cohabitation dans une même cité, ni par des rapports d'affaires ou de famille ; il différait d'eux par la nature de ses opinions politiques, de ses croyances religieuses ; cependant il ne voulut avoir d'autre défenseur que Jean-François-Joseph Azaïs, jeune avocat de vingt-cinq ans, n'ayant encore jamais pris la parole devant un tribunal régulier, mais qui n'hésita pas un instant devant le devoir de sa nouvelle profession.

Le fait incriminé avait eu un immense retentissement dans le pays. Tous les yeux étaient fixés sur les détails d'une procédure longue et embrouillée. La cause allait être portée devant des magistrats, pleins d'inexpérience ; le dehors pouvait exercer sur eux une certaine pression. Le peuple s'agitait sourdement contre un accusé qui n'était pas sorti de ses rangs. L'opinion publique, plus modérée, n'osait pas se prononcer. En un mot, la position était difficile pour les juges, pour le prévenu, plus encore pour le défenseur.

Azaïs parut à l'audience, assisté de son père et comme protégé par sa réputation de royaliste et d'homme de bien. Tous deux, l'un conseil, l'autre orateur, dominèrent bientôt les débats. Leur personnalité couvrit celle du client. L'instruction se fit avec un ordre parfait. Lorsque Azaïs prit la parole il se sentit soutenu par la sympathie de l'auditoire. Il parla avec conviction et éloquence ; il pénétra rapidement dans le cœur de ceux qui l'écoutaient ; il défendit le peuple contre lui-même, en combattant ses preventions du moment ; il en fut entendu ; car, comme on l'a dit, rien ne va à l'âme que ce qui en sort ; enfin , après plusieurs heures de mouvement plutôt que de discussion, d'appel aux généreux sentiments des magistrats et des assistants , il obtint un arrêt d'absolution pour son client, et pour lui un de ces triomphes populaires, dont la mémoire s'est conservée longtemps.

C'est sous le coup de ces impressions que le vote spontané de ses concitoyens le nomma officier municipal de la ville de Castres, en sollicitant de lui l'indication de ceux qu'il désirait avoir pour collègues.

<h2 style="text-align:center">IV</h2>

Quel était le principal caractère des administrations locales à cette époque? Voici comment le définit historiquement l'auteur d'un roman, sous le titre de *Valenciennes,* auteur identique avec celui qui écrit ces lignes :

« La république abandonnée à elle-même depuis
« les événements de thermidor, inaugurait partout le
« régime de la licence sous prétexte de liberté ; tout
« s'attaquait aux mœurs, aux habitudes, aux inté-
« rêts. Les partisans de l'ancien ordre de choses le-
« vaient hautement la tête en couvant des vengean-

« ces. Afin de les mieux exécuter, ils sollicitaient
« des amis jusque dans les derniers rangs de la po-
« pulace. La misère affreuse qui pesait sur celle-ci,
« la famine qui la menaçait, semblaient l'autoriser à
« des représailles ; elles devaient être d'autant plus
« terribles que la répression était impossible. La force
« publique n'existait nulle part. Les municipalités
« exerçaient leur police insuffisante au jour le jour,
« tiraillées entre ce qui restait des partis honnêtes
« de la révolution et les agents cachés ou découverts
« de l'ancienne aristocratie, noblesse et clergé ; elles
« usaient toutes leurs forces dans le besoin de main-
« tenir l'équilibre entre ces éléments divers des pré-
« tentions exclusives. Elles concentraient leurs pou-
« voirs et leurs ressources sur quelques points
« d'administration publique, de manière à sauver ce
« qui restait de l'organisation communale, chargée
« de faire respecter la vie et la propriété des ci-
« toyens.

« De là étaient nés le brigandage, le vol à main
« armée, la spoliation presque toujours accompagnée
« d'assassinat. Les déserteurs des armées, les gens
« sans aveu, les hommes d'audace ou de besoin s'é-
« taient fait ainsi une profession. Toutefois il leur
« eût été difficile de l'exercer avec avantage dans les
« villes. Là le danger commun, les résistances collec-
« tives, les maisons suffisamment bien fermées, en-
« core mieux défendues, pouvaient opposer de grands
« obstacles. Aussi les chefs de bande aimaient-ils
« mieux tenir la campagne. Là ils régnaient à-peu-

« près sans partage, courant sus aux voyageurs,
« guettant les moindres transports d'argent ou de
« denrées, pressurant les villages, et tellement maî-
« tres du terrain, qu'ils tenaient comme bloquée, la
« ville de Castres, après s'être emparés de toutes ses
« avenues. »

Telle était la position; Azaïs ne craignit pas de
l'affronter. L'autorité qu'il allait exercer semblait collective aux termes de la loi; en réalité elle reposait
tout entière sur sa tête. Il n'en déclina pas la res-
ponsabilité. Pendant plus d'un an il se dévoua à son
œuvre de direction ou de surveillance; il parvint à
rendre à la ville un peu de tranquillité; il pourvut
à sa subsistance, au moyen de ses rapports person-
nels avec quelques entrepositaires de grains ou certains propriétaires ruraux, qu'il fallait avant tout
prémunir contre le pillage ou l'insurrection; enfin il
tourna sa sollicitude vers les moyens de détruire.
une bande de voleurs de grande route qui s'étaient
emparés de toutes les avenues de Castres, à quelques
kilomètres de distance, pour en faire le théâtre de
leurs déprédations, accompagnées souvent d'assassi-
nats.

Déjà lui-même avait été menacé sur un de ces points;
un soir du mois d'octobre, il se retirait dans sa famille, résidant encore à la campagne à l'occasion des
vendanges. Il avait à traverser le pont dit du *Sail-
lenc,* par où d'ordinaire il se dirigeait en suivant un
petit sentier, vers sa maison située à peu de distance.
C'est là qu'il était attendu. D'un rapide coup d'œil, il

vit aussitôt le danger ; aussi, parvenu à l'embouchure du pont du côté de Castres, au lieu de s'y engager, il s'empressa de se jeter dans le ravin, sur lequel ce pont était établi, en courant à toutes jambes vers une métairie voisine ; là il trouva force et secours, tandis que les bandits, pris au dépourvu, par cette habile manœuvre, menacés à leur tour par les paysans armés de fourches et de faux se dispersaient de tous côtés.

Dès ce moment, Azaïs n'eut plus qu'une idée, celle de surprendre leur chef et de s'en rendre maître. Dans ce but il se constitua une police officieuse, composée d'hommes et de femmes, chargés de l'avertir des plus petits faits advenus dans la banlieue, et de lui rapporter les moindres propos tenus dans la ville. C'est ainsi qu'un jour, après avoir procédé à un mariage civil, et au moment où, suivant un usage consacré, il embrassait la mariée, celle-ci lui dit à l'oreille · ce soir Valenciennes (c'était le nom du chef de la bande) est attendu, pour souper, dans telle maison, adjacente à la mienne.

Sur cette simple indication, Azaïs prit ses mesures, de concert avec M. Louis Sers, son collègue en municipalité, ancien soldat dans le régiment des dragons du Tarn comme lui, partageant ses opinions politiques, et complètement associé à ses intentions de bien public. L'un et l'autre organisèrent l'expédition. Ils ne voulurent, pour l'exécuter, que l'aide de deux gendarmes et l'assistance d'un simple valet de ville. L'heure venue, ils se transportèrent à l'endroit désigné. La porte de la maison se trouvait fermée et verouillée en dedans. Azaïs y frappa plusieurs coups ; on fut très lent à ouvrir. Il put enfin pénétrer dans une pièce, où soupaient un homme et une femme, autour d'une table, garnie d'un plat de viande, de deux couverts, d'une bouteille, mais sur laquelle figuraient trois verres, chacun à moitié rempli. *Vous êtes seuls*, leur dit-il ; *je vois donc qu'on nous avait trompés, en nous rapportant qu'ici l'on recevait des gens suspects ; nous nous retirons.* Et s'approchant, dans cette retraite simulée, d'une fenètre recouverte d'un mauvais rideau qui s'arrêtait à une certaine distance de la terre, ce qui lui avait permis d'appercevoir les pieds d'un homme, il se précipita sur lui, un pistolet à la main et l'étreignit à hauteur du cou. Aussitôt l'autre officier municipal, avec les deux gendarmes, se jettèrent sur ce même point. Il y eut un moment de résistance ; tout céda devant la force. L'homme surpris, maintenu, amené de suite dans les prisons de la mairie, fut bientôt reconnu pour être Jean-Baptiste Poiré, dit *Amblard* ou *Valenciennes*.

Cette arrestation en détermina plusieurs autres, mais d'une importance secondaire. Azaïs et son collègue M. Louis Sers, en dirigèrent l'exécution ; de plus, ils se chargèrent exclusivement de la surveillance des diverses personnes arrêtées, tout le temps que dura la procédure. Pour cela ils s'établirent à domicile dans les locaux de la maison commune, ne voulant pas les perdre de vue, surtout la nuit ; tant était grande et bien fondée la crainte que

Valenciennes inspirait soit personnellement par son audace, soit indirectement par le nombre des complices qu'on avait lieu de lui supposer au dehors !

L'instruction s'accomplit sans incident. Le jour du jugement arriva. Le 13 floréal an IV, un conseil de guerre prononça *la peine de mort contre Valenciennes, Verdale et Lavigne, convaincus du fait de désertion, de vagabondage, de vol de nuit dans les campagnes, de vol de jour sur les routes, avec violence et rassemblements armés*... Le 17 prairial suivant, tous trois subirent leur peine, en tombant sous les balles d'un détachement de soldats, appelés à Castres, sur la demande des autorités, afin d'y rétablir la tranquillité.

L'arrestation et le supplice de Valenciennes produisirent un retentissement extraordinaire dans le pays. La ville de Castres n'eut pas pendant longtemps d'autre sujet de conversation. Azaïs y gagna une popularité immense, si bien que l'année d'après, à l'occasion du renouvellement du tiers des membres du *Conseil des Cinq-Cents*, il y fut appelé par la grande majorité des électeurs, votant sous les menaces des partis, et chacun un pistolet dans la poche.

Il se rendit à Paris. Il prit part pendant quatre mois aux travaux de la législature ; il y vota toujours avec l'opinion représentée par Camille Jordan et Royer-Collard. Par eux et avec eux, il s'affilia au club dit de Clichy, dont l'influence sur l'assemblée fit décider la fermeture des clubs, la réinstitution des gardes nationales, quelques mesures d'amélioration pour les finances, des précautions contre le

saccagement des propriétés et les dilapidations, enfin
l'abrogation des lois qui frappaient les prêtres inser-
mentés ; ces lois se complétaient par la proclamation
du libre exercice de tous les cultes.

Azaïs s'associa à ce mouvement réparateur. Il en
fut puni par le coup d'état du **18** fructidor, à la
suite duquel se trouva déclarée illégale et nulle, son
élection, comme celle des députés de quarante-neuf
départements, nommés le même jour que lui.

Rendu à la vie privée, Azaïs comprit que son avenir
ne lui permettait pas d'abandonner le théâtre, où les
circonstances l'avaient jeté. Il pouvait trouver dans
la capitale, un complément d'éducation, que l'insuffisance des ressources de Toulouse, lors de ses études de droit, et les événements postérieurs ne lui
avaient pas permis de recevoir. Son aptitude naturelle à manier les hommes, à profiter à leur contact,
ne pouvait mieux s'exercer, qu'au foyer même des
mœurs sociales ou politiques. Les six années qui
suivirent la proscription de l'an v, il les passa entièrement à Paris, entretenant de bonnes relations,
fréquentant assidument ses anciens collègues des *Cinq-
Cents*, faisant connaissance avec la société nouvelle ,
partagée déjà en tendances multiples. Celles-ci étaient
fomentées d'un côté par la renaisance des préjugés anciens, le retour officiel ou déguisé des émigrés, le
souvenir des pertes éprouvées ou des persécutions
subies ; de l'autre par opposition, les sentiments, les
idées et les intérêts des hommes de la Révolution.

Azaïs eut accès dans l'un et l'autre camp. Son

rôle public, ses opinions royalistes, son titre de *fructidorisé* lui ouvrirent le premier ; sa naissance plébéiennne, son caractère indépendant, son instruction solide, ses services *populaires* (dans la bonne acception du mot) lui donnèrent bien vite le droit de s'introduire dans le second. S'il eût manqué d'ailleurs un trait-d'union à la coïncidence de ces deux rapports, il l'aurait trouvé auprès d'une femme qui lui servit alors de seconde mère, et dont la haute personnalité, en lui prodiguant une salutaire affection, lui servit à merveille de guide pour son introduction dans le monde.

Cette femme , qui se nommait Marie-Elisabeth Fleury, était née le **12** octobre, **1738**, à Paris sur la paroisse de St-Eustache, du légitime mariage de M. Fleury, avec Jeanne Bouvier, sœur de la femme de M. François Roux, grand-père maternel d'Azaïs. Elle avait été mariée deux fois; la première avec un jeune homme qui fut atteint d'une attaque d'apoplexie, en sortant de l'église où la cérémonie venait d'avoir lieu, et qui mourut le lendemain ; la seconde avec M. Legrail de Lacour, avocat, ancien receveur des finances de Bretagne, qui la laissa veuve au commencement de la révolution, à la survivance de deux filles mortes bientôt après.

Lorsque Azaïs la connut, il la trouva résidant dans sa maison, à Vitry-sur-Seine. Elle y vivait entourée d'une grande vénération de la part des habitants qui l'avaient préservée de toute insulte, pendant la terreur, quoique ses opinions très aristocratiques eussent dû la faire traiter comme suspecte. Il est vrai que ces opinions s'alliaient dans son esprit, à des idées philosophiques puisées dans la fréquentation des hommes de lettres du dix-huitième siècle. Duclos et d'Alembert étaient de ce nombre. M. de Lacour, d'ailleurs, particulièrement lié avec le premier par ses relations avec la Bretagne, avait été quelque temps secrétaire du duc de Brancas, chez lequel se réunissaient à Paris, les hommes les plus avancés de cette époque. De là étaient nés, chez sa jeune femme, le goût du théâtre, celui de la lecture, le besoin de la conversation avec les gens d'esprit, un certain dédain pour les femmes trop exclusivement occupées de toilette ou de pot au feu, l'habitude de se tenir au courant des nouveautés littéraires et de lire les journaux, enfin, le talent d'écrire avec distinction, ou de raconter d'une manière très-intéressante.

Azaïs profita de tous ces avantages. Il y ajouta la faculté d'avoir à sa disposition la bibliothèque de sa tante, bibliothèque peu nombreuse, mais bien choisie, portant souvent à la première page des livres, en suscription, *hommage de l'auteur.* Il se fit ainsi un intérieur utile et agréable, sans compter quelques moyens par lesquels sa vie matérielle, devint plus facile. Tout cela le mit à même de traverser sans tracasserie d'aucune sorte les événements capitaux de cette fin de siècle qui devait le rendre témoin du 18 brumaire, des conséquences de la bataille de Marengo, de l'explosion de la machine infernale (3 nivôse an VIII) des effets du traité de Lunéville et de la paix d'Amiens, ainsi que de la conclusion du concordat.

A l'occasion du premier de ces événements, Azaïs racontait, qu'un soir des premiers jours de septembre 1799, se promenant avec son confrère en proscription, M. Royer-Collard, sous les galeries du Palais Royal, celui-ci l'arrêtant tout-à-coup, lui dit du ton le plus doctrinal : *Mon ami, les révolutions commencent par les avocats, il n'est donné à aucun d'eux de les finir. Cependant elles doivent avoir un terme. Tenez donc pour certain qu'il va venir de quelque part, un général d'armée, qui nous mettra tous à la raison.*

A ce même moment, Bonaparte, parti secrètement d'Egypte, débarquait à St-Raphan, près de Fréjus. Juste un mois après, il renversait le directoire. qui lui avait si bien préparé la voie pour le coup d'Etat de fructidor.

Vers le milieu de l'année 1803, Azaïs rentra dans le sein de sa famille, complètement rallié aux institutions du consulat soit temporaire, soit viager, avec même la perpétuité de son chef dans une dynastie. Vainement Mme de Lacour voulut le retenir et le fixer à Paris. Elle avait, en effet, le pouvoir de le marier avec la nièce d'un grand personnage du midi, qui devait être nommé bientôt après ministre de l'intérieur. On peut prévoir quelles auraient été les conséquences d'une telle alliance pour Azaïs d'abord, ensuite pour son pays. C'est pourtant afin de lui être plus instantanément utile qu'il résista aux désirs de sa tante, et aux espérances de juste ambition qu'elle

avait conçues pour lui. Toutefois, il ne s'éloigna de
Paris qu'avec l'intention d'y revenir. Il tenait à voir
l'homme extraordinaire qui avait gagné la bataille
de Marengo, et dont la volonté puissante venait de
rouvrir les églises. Etait-ce dans le caractère d'Azaïs
un fétichisme de gloriole militaire, combiné avec
l'exaltation religieuse? Non ; Marengo constatait à ses
yeux la destruction de la seconde coalition contre la
France, et il s'honorait avec orgueil, d'avoir vaillam-
ment et sincèrement combattu la première, dans son
modeste rôle de soldat. Le culte restauré, constituait
une satisfaction donnée à ses croyances de famille, à
son éducation essentiellement chrétienne. Quant à la
révolution elle-même, monarchie constitutionnelle,
république, consulat ou empire, il la résumait dans
un seul principe, celui de l'égalité, principe qui ou-
vrait à jamais la porte haute et large, à l'avènement du mérite personnel, dont il se sentait lui-même
une des plus heureuses incarnations.

C'est ce qui résulte des lettres qu'il écrivait à ses
parents et à ses amis, pendant son séjour de six ans
à Paris. C'est ce qu'il exprimait avec abondance et
conviction dans ses conversations habituelles, toujours instructives et dignes, toujours logiques et
pressantes, toujours pleines de verve, d'actualité, de
ripostes incisives, plutôt que de traits d'esprit, toujours appropriées à sa nature, sans affectation et sans
recherche.

V

À l'époque où Azais revint à Castres, les hommes
de sa profession étaient entièrement absorbés par les
travaux préparatoires du code civil. Les brillantes
discussions du conseil d'Etat, soutenues par les Tron-
chet, les Treilhard, les Portalis, vulgarisées à l'aide
de procès-verbaux, répandus par le gouvernement
sur tous les points de la France, occupaient l'attention des jurisconsultes, à divers degrés, avocats, juges, praticiens; tous voyaient, dans la rédaction
coordonnée des lois civiles, le plus puissant moyen
de la révolution, cherchant à s'implanter vigoureu-
sement dans le sol, par la réglementation des intérêts. Azaïs l'avait compris ainsi ; il s'était fait de la
pratique du droit, un but de travail, de fortune,
peut-être même d'ambition politique. Les deux premières années, après son retour, il les consacra à
donner des consultations sur des faits de jurisprudence.
Il fut choisi souvent pour arbitre, par ses concitoyens. Plusieurs grandes affaires qu'il eut entre les
mains, le firent connaître de la manière la plus avan-
tageuse. Il les mena toutes à bonne fin, c'est-à-dire
qu'il les transforma, par ses conseils ou par son influence, en transactions vite formulées et aussitôt exé-
cutées. Dans cette position, il se proposait d'ouvrir
définitivement et d'une manière exclusive un cabinet
d'avocat consultant; la mort de son père, arrivée en
1805, le lança dans une autre carrière. Celui-ci était
juge-suppléant au tribunal civil du département,

alternant par des sessions semestrielles entre Castres et Albi. Lui et son fils ne pouvaient être, simultanément membres de la même compagnie de magistrature. Le père en possession de la fonction, qui convenait à son savoir et à son caractère, tenait à ne pas la résigner encore (il n'avait que 61 ans), lorsqu'il fut frappé par une maladie aigüe qui l'emporta en peu de jours. Voici comment Azaïs l'annonçait à son plus jeune frère :

« A Monsieur Louis Azaïs, négociant. à Marseille.

» Castres, le 6 février 1805.

» C'en est fait, mon très-cher frère ; notre père n'est plus, la signature que tu as eue sous les yeux fut son dernier effort. Il se coucha aussitôt et expira en moins de deux heures après une agonie plus courte et plus douce que la grandeur de ses souffrances ne permettait de l'espérer. Je n'ai rien à ajouter ; tu dois sentir, comme moi, l'immensité de cette perte ; tu lui dois, comme moi, des regrets éternels. Qu'il soit toujours présent à notre cœur : c'est le moyen de mener une conduite exempte de reproches, et d'entretenir les liens de l'amitié que la nature, les leçons et l'exemple de notre père nous imposent et à laquelle je ne cesserai d'être fidèle. — Azaïs, aîné. »

L'opinion publique désigna le fils aîné de Joseph Azaïs pour lui succéder en qualité de magistrat. Seulement, comme un nouveau décret venait de décider que chaque chef-lieu d'arrondissement, aurait un siège de judicature distinct et séparé, Azaïs fut nommé titulaire, à celui de sa ville natale, et non pas simple suppléant. Il ne tarda pas à se faire remarquer, même à côté du président, M. Guy, homme d'esprit, parlant avec abondance, saisissant avec facilité, mais plus versé dans la jurisprudence ancienne ou le droit canonique, que dans la connaissance des lois nouvelles. D'autre part M. Guy était d'une nature un peu somnolente, à laquelle la vivacité du caractère d'Azaïs, son aptitude à voir vite le point à décider, une étude particulière du code qui venait d'être promulgué servaient de stimulant nécessaire, ou d'utile concours pour l'expédition des affaires.

Cette fonction nouvelle ne se bornait pas d'ailleurs pour Azaïs, à des devoirs d'audience. Plusieurs fois il fut chargé des instructions criminelles, surtout dans des cas d'une gravité exceptionnelle, comme par exemple à l'occasion d'un crime mystérieux, commis au lieu de Guitalens, et dont il parvint à établir toutes les circonstances. Trois coupables payèrent de leur tête le résultat de ses investigations.

Outre ces travaux, Azaïs se trouva, par la mort de son père, investi d'une tâche plus considérable. Il s'agissait de veiller à la distribution des importants revenus, d'une succession destinée au soulagement des pauvres, ou à la fondation d'œuvres de charité publique, en rapport avec les besoins pressants du pays. De là advinrent successivement le rétablissement de l'ancien grand séminaire de Castres, la fondation d'une maison ecclésiastique d'un degré secondaire, les fonds procurés aux hôpitaux, à l'effet d'y restaurer une institution de secours à domicile pour les indigents sans travail ou atteints d'infirmités; toutes choses dont il s'occupa seul, en suppléant par son activité extra-ordinaire, à des ressources matérielles, encore bien faibles et bien insuffisantes. Pendant dix ans, il fut la véritable providence de ces œuvres diverses, ce qui lui valut une popularité extraordinaire, le plus justement acquise.

La ville de Castres, voulut l'en récompenser. Aussi en **1811**, à l'occasion de candidats à présenter au Sénat, pour le Corps législatif, il fut nommé en même temps que son collègue, M. Guy, alors qu'il avait à peine atteint l'âge de quarante ans, exigé par un décret. M. Guy l'emporta sur la recommandation du Maréchal Soult, vivement sollicité par la maison de Noailles, tandis qu'Azaïs, encore inconnu de ce dernier restait abandonné à la seule protection de quelques amis, ou de sa valeur personnelle.

Il continua sur le théâtre local, son rôle de magistrature et de philanthropie. Il y ajouta de nouveaux moyens, par son influence, comme membre du conseil municipal de la ville de Castres. Il s'en servit pour adoucir en **1814**, de concert avec M. de Lastours, maire, le poids des réquisitions, ou les inconvénients du passage de l'armée d'Espagne, après la bataille de Toulouse, sur la contrée considérablement appauvrie; enfin, il eut sa part, quelques jours après, de la véhémente apostrophe, adressée au tribunal en corps ainsi qu'aux autres fonctionnaires, par le Maréchal Soult, lorsque les arrêtant d'un geste de commandement, sur le seuil de la porte de Frascati, où ils se présentaient en députation, pour lui présenter les hommages de la ville « *Je ne veux pas vous recevoir,* leur dit-il avec l'accent du plus brutal patriotisme, *vous avez accueilli les anglais ; et moi j'avais stipulé dans un armistice avec le général Wellington, qu'aucun anglais ne pénétrerait dans l'arrondissement où je suis né.* »

Azaïs semblait avoir prévu cette scène ; car il avait décliné l'honneur de porter la parole au nom de sa compagnie. Il n'en parla jamais depuis, même au plus fort de la réaction royaliste de 1815, sans donner raison à son illustre compatriote. Par cela même, peut-être, elle ne produisit sur lui que l'émotion du moment ; d'autres en furent tellement affectés qu'ils en moururent.

Les événements de 1814 le rendirent entièrement à ses sentiments royalistes. Il salua le retour des Bourbons avec enthousiasme, mais en conservant une parfaite indépendance, à l'égard d'un parti dont il ne partageait nullement les préjugés intéressés. Il était fait pour être chef de file, et non pas homme à la suite de qui que ce fût. D'après ces idées, il demanda la place de président de première instance, alors vacante. Elle lui fut accordée avec empressement ; il devait l'honorer jusqu'à la mort par de bons et loyaux services.

A l'occasion de cette nomination, une femme d'une haute intelligence, écrivait au frère du nouveau président : *Ce n'est pas à lui que je dois faire mon compliment, mais à la compagnie dont il devient le chef, en attendant de le voir, au même titre, placé dans notre cour royale de Toulouse.*

Ce suffrage, si flatteusement exprimé, empruntait tout son prix du mérite de cette femme, que Portalis avait appelée *le premier avocat de Paris.* Voici à quelle occasion : elle était encore demoiselle, avant d'entrer dans une des premières familles de Castres, lorsque son père, un des ayant droit à la sucession du célèbre Riquet, s'était fait accompagner à Paris par sa fille. Là, celle-ci, d'une nature très sérieuse, d'un jugement remarquable, d'une instruction achevée, eut alors à entendre parler des graves discussions qui s'élevèrent entre les propriétaires primitifs du canal du midi, et les donataires de l'Empire. Bientôt elle en parla elle-même, en fit une étude principale, la connut à fonds d'après les faits dans leur rapport avec les principes du droit, si bien qu'elle rédigea, fit imprimer et distribuer un mémoire adressé au conseil d'Etat, chargé de prononcer sur cette importante affaire. Ce mémoire dut tomber nécessairement entre les mains de Portalis ; il le remarqua, il apprit qu'il était l'œuvre d'une femme ; alors il voulut la voir pour conférer avec elle sur l'objet en litige. Or, un jour se trouvant dans son salon du ministère des cultes, entouré d'avocats et de jurisconsultes, il leur posa cette question : *Savez-vous, messieurs, quel est le premier avocat de Paris ?* Chacun nomma celui qui faisait sa préférence.....

Portalis écoutait sans rien dire.... Enfin, pressé d'exprimer son opinion, il dit : *Je ne conteste nullement le talent ou l'éloquence des hommes dont vous venez de parler ; mais, à mon avis, le premier avocat de Paris, c'est mademoiselle d'Avessens ; car aucun d'eux n'a jamais produit un mémoire aussi fort de raison, de logique, de connaissance du droit, que celui qu'elle a rédigé et envoyé au conseil d'Etat.*

Le vœu exprimé par Mlle d'Avessens, devenue madame la comtesse de Villeneuve d'Hauterive, sur l'avenir d'Azaïs, la proposition entièrement officieuse, faite par elle, d'une promotion éventuelle à la cour de Toulouse, furent sur le point de s'accomplir deux ans après. Du moins, M. le procureur général Gary, ancien préfet du Tarn, où il avait connu Azaïs, à l'occasion de ses rapports habituels avec son oncle, M. Azaïs-Oulès, secrétaire général de la préfecture, le sollicita vivement, à cette époque, afin qu'il acceptât un siége de conseiller, dans la réorganisation des cours royales. Le président Azaïs, déclara vouloir garder celui qu'il occupait à Castres. Ce premier avancement, le seul qu'il ait jamais sollicité, suffisait à son ambition. Celle-ci se renfermait tout entière, dans son attachement à son pays natal, comme dans le rôle qu'il avait à y jouer par sa supériorité relative ; supériorité plutôt attachée à son mérite personnel, qu'à des distinctions d'honneurs où de préjugés, dont il était plus qu'un autre en état de sentir la valeur illusoire.

Ainsi s'explique le refus d'Azaïs, quand il fut ques-

tion d'obtenir pour sa famille des lettres de noblesse.
A la seconde rentrée du Roi, les gentilshommes de
Castres, sentant que leurs titres plus ou moins certains,
manqueraient de sanction, tant que les services royalistes des Azaïs n'auraient pas été publiquement re-
connus, adressèrent au gouvernement la demande de
lettres patentes de noblesse en leur faveur. Une question de hiérarchie, fit renvoyer cette demande au
garde des sceaux; c'est par là seulement que le président Azaïs, connut son existence. *Eh! qui leur a
dit que j'accepterais*, répondit-il ! Cette simple excla-
mation arrêta toutes démarches ultérieures.

En le voyant se prononcer ainsi, on pourrait se
demander si Azaïs avait alors connaissance d'un fait
suivi d'une réponse analogue, qui avait eu cours
l'année précédente ? Toujours est-il qu'on lui a souvent entendu raconter une anecdote, reproduite de
nos jours, par M. de Remusat, dans son étude sur
Royer-Collard, en ces termes :

« La restauration ramenait avec elle tout son cor-
tège de serviteurs dévoués aux préjugés non moins
qu'aux principes de l'ancien régime et il semblait que,
pour être digne de servir la cause royale, il fallait des
titres de noblesse. Royer-Collard, l'ancien conseiller
du Roi, fut un des premiers auquel l'abbé de Montesquiou, chargé d'octroyer ces faveurs, songea à
donner des lettres d'anoblissement. Royer-Collard
qui n'avait d'autre mobile que ses convictions et qui
ne voulait d'autre appui que le sentiment de sa valeur personnelle, s'irrita de cette bienveillante atten-

tion, et dit : « *J'ai assez de dévouement pour oublier cette impertinence ;* » l'abbé de Montesquiou lui ayant demandé en outre s'il voulait que le Roi le fît Comte, il lui répondit avec une vivacité plaisante : *Comte vous-même !* »

Azaïs et Royer-Collard, à part la différence des positions, sauf même la distance où pouvait les placer leur mérite individuel, vivaient en effet dans le même ordre de sentiment et d'opinion. Tous deux étaient arrivés au royalisme d'abord, plus tard à la proscription, en passant par une adhésion non équivoque aux principes de **1789**. L'un et l'autre représentaient dans leurs mœurs, leurs précédents, leurs intérêts, l'élément bourgeois, émancipé par la révolution. Ils auraient voulu le concilier avec la royauté héréditaire de l'ancien régime, mais à la condition que celle-ci se transformât suivant les idées modernes, qu'elle abjurât ses tendances réactionnaires, qu'elle s'entourât d'hommes honnêtes et capables, pris dans le sein de la nation elle-même, et non pas seulement dans les rangs d'une aristocratie dépassée de tout point par la force des choses, ou par les progrès du temps.

Dans la suite de cet écrit, il y aura lieu peut-être de revenir sur ces considérations, afin de les rattacher à la conduite politique d'Azaïs, dans les derniers temps de sa vie. Ce qui importe présentement le plus, c'est de le suivre dans sa carrière de magistrat, parce que bien expliquée, bien comprise, elle peut être, à la fois, un enseignement et un exemple.

VI

Les premières années consacrées par Azaïs à l'exercice de ses fonctions de Président de Tribunal ne se passèrent pas sans difficultés. Le plus grand nombre des causes étaient jugées encore d'après les principes du droit romain ; quelques-unes trouvaient leur solution dans les lois transitoires de la révolution ; certaines, mais en petit nombre, se rattachaient aux prescriptions du code civil. Le code de procédure, peu compris dans les commencements, donnait lieu à de nombreux procès, où la question de forme, dominait souvent celle du fonds. On plaidait avec exagération la nullité explicite des actes. Les avoués, autorisés encore à porter la parole devant les tribunaux de première instance, retenaient ceux-ci dans les liens d'un formalisme étroit, et dans la spécialité de chaque affaire, sans remonter à des considérations tant soit peu générales.

D'autre part, les plaideurs manquaient de connaissances ordinaires ; ils avaient peu de confiance dans les hommes instruits et probes qui habitaient près d'eux et peu de ressources pécuniaires ; ils étaient en proie à quelques praticiens de village qui caressaient leur ignorance, leur entêtement, leurs luttes contre des voisins, partageant les mêmes dispositions. Plusieurs ne voyaient souvent, dans un procès à soutenir, qu'un moyen de gagner du temps contre leurs créanciers, ou de se continuer dans des usurpations injustes. Tous d'ailleurs subissaient la loi d'une jurisprudence encore

incertaine sur beaucoup de points ; de là, par conséquent, beaucoup de décisions abandonnées à ce qu'on
appelait au barreau, *la question de l'ami.*

Enfin, les circonstances extérieures, avaient, sur
certains points, entravé de temps à autre le cours de
la justice. Ainsi furent, en 1814, les événements de
la chute de l'Empire, les dernières batailles qui se
livrèrent alors dans le midi, le passage ordinaire des
troupes, ou la retraite des soldats de Toulouse ;
l'année suivante, l'interrègne avec le pouvoir disputé
pendant quatre mois et les magistrats, tour à tour
destitués, puis remis en place ; peu de temps après,
la réaction royaliste, s'exerçant aveuglement sur tout,
cherchant à mettre ses créatures dans toutes les
fonctions, occupant principalement ses corps de judicature à poursuivre des crimes et des délits réels ou
imaginaires ; en 1817, une disette affreuse, se com-
pliquant de la ruine de certaines industries locales,
amenées par les faits politiques à leur dernier terme
de découragement ; en 1818 et 1819, la lutte s'éta-
blissant de haut en bas, entre les opinions et les intérêts, de manière à distraire l'attention des affaires
civiles, pour la rapporter tout entière, sur les discussions des chambres législatives, et sur la lecture
des journaux ; voilà les causes d'un arriéré énorme
que le tribunal de Castres, et Azaïs son président
trouvèrent, en face d'eux, lorsqu'un peu de calme se
fut rétabli. Les autorités judiciaires s'en émurent. Le
procureur général Gary, proposa la création d'une
chambre temporaire à Castres. Le Garde des sceaux

accueillit avec empressement ce projet; seul le président Azaïs s'y opposa. Pendant plus d'un an, il écrivit pour en démontrer les désavantages. Avec cette
vivacité d'esprit, qui ne l'abandonnait jamais quand
il était possédé par une conviction quelconque, il ne
négligea rien pour la faire partager par ses supérieurs. Ils résistèrent longtemps; mais sur son engagement moral de mettre toutes les affaires à jour,
dans un délai de quatre ans, ils le laissèrent libre
d'agir ainsi qu'il lui paraîtrait utile ou convenable.
C'était pour un jeune général une belle campagne à
ouvrir, à poursuivre, à mener à bonne fin; Azaïs l'en-
treprit sans hésiter un moment. Il commença par
fixer deux audiences dans chaque jour, l'une, de huit
heures du matin à midi, l'autre le soir, de une heure
à cinq. Il prescrivit que chaque cause fût instruite
sur requête, avec conclusions motivées. Il ne voulut
ni longues plaidoiries, ni répliques inutiles. Il coupa
court au système abusif des interlocutoires et des
renvois. Il s'appliqua à dégager le point litigieux de
chaque affaire, le réduisant souvent à une explica-
tion demandée aux deux avocats en présence. Il se
chargea exclusivement de la rédaction des jugements.
Ne perdant jamais de vue le but qu'il s'était proposé;
il y rallia, par son exemple, les membres du tribunal et du barreau, leur communiquant à tous une
partie de son activité naturelle, les animant tous de
son désir de bien faire en faisant vite.

Azaïs avait alors quarante ans. Il se trouvait dans
toute la force de sa constitution et de son intelligence;

il jouissait des avantages d'une santé sûre, caracté-
risée par la parole, la démarche, le coup d'œil, un
aplomb imperturbable, le tout se résumant dans une
supériorité sans morgue ni raideur, que tout le
monde acceptait autour de lui. Doué d'une figure
très expressive, d'un regard clair et pénétrant, portant bien sa tête, un peu chauve, mais encore pou-
drée, très propre dans sa mise, à couleurs toujours
claires, aimant à se faire l'honneur, à l'aide du cos-
tume, d'une jambe magnifique, maintenant bien une
taille un peu au dessus de la moyenne, tout cet extérieur ramené à un ensemble parfait, semblait faire
de lui le véritable type d'un président de première
instance, surtout si on y ajoute sa tenue à l'audience.

Exact et ponctuel, Azaïs était chaque matin le premier rendu dans la salle du conseil, servant alors de
vestiaire aux juges, aux avocats et aux avoués. Là, il
réglait en peu de mots quelques petites affaires, donnait des rendez-vous pour de plus importantes, racontait ou se faisait raconter très-sommairement les
bruits de ville, qui s'étaient produits depuis la veille,
et montait sur le siège.

Dans cette position ses facultés paraissaient se développer et s'accroître ; d'une aptitude merveilleuse à
saisir le point de la difficulté à débattre, il l'indiquait
souvent par un geste involontaire, par un signe de
physionomie, par une interruption. Une fois le point
de fait suffisamment établi à ses yeux, il cherchait
quelquefois dans le code , plus souvent dans sa mémoire, le texte de la loi, le réfléchissait un moment,

aimant à deviner dans l'attitude de chacun de ses collègues, s'ils avaient une opinion formée ; dans ce cas
il arrêtait la plaidoirie, entendait leurs raisons, exposait en peu de mots les siennes, recueillait les éléments de l'unanimité ou de la majorité relative, et
prononçait le jugement Ce jugement, quelquefois
longuement motivé, était remarquable par les aperçus
nouveaux qu'il révélait. Dans les questions d'inter-
prétation d'actes surtout, il ajoutait toujours quelque chose, aux motifs plaidés de part et d'autre, et
toujours quelque chose de saillant. Familiarisé avec
le système de rédaction de ce temps, ou trop concise
ou trop diffuse, étant né, pour ainsi dire, sous les
étagères d'un notariat, ayant appris dès ses premiers
jours la formule des actes, en les écrivant en qualité de copiste, consulté longtemps ensuite pour le
réglement de plusieurs graves affaires de famille, il
apportait à la marche du tribunal l'expérience de
vingt années d'études spéciales. Lui seul, aidé d'un
simple greffier, doué d'un bon sens naturel, mais
sans instruction, ni première ni acquise, arrêtait avec
lui, tous les soirs de dix heures à minuit, la rédaction des jugements de la journée. Cela fait, il accompagnait, jusques à la porte de sa maison, son collabo-
rateur officiel, se promenait encore dans la ville
pendant quelques heures, recevait peu de temps après
son lever, quelques plaideurs, et remontait le premier
sur le siège à l'heure sonnante de huit heures.

Quant à ses plaisirs de distraction, ils se bornaient
à une heure de promenade, avec but utile, après l'au-

dience, à quelques moments passés avec ses parents, hors de chez lui, avant de reprendre le travail de la nuit, à une course à cheval, pour aller à sa campagne et en revenir le vendredi de chaque semaine, d'une heure à cinq, à l'assistance aux offices dominicaux tous les dimanches et toutes les fêtes de l'année, à quelques affaires de paroisse ou de fabrique, auxquelles il consacrait la fin de ces jours-là, aux séances du conseil municipal, où sa voix était toujours prépondérante, enfin à des fêtes de corps ou de famille, qui n'arrivaient qu'une fois l'année, à l'époque du carnaval, mais dont il cherchait à maintenir la bonne moralité, par tous les moyens en son pouvoir, comme président, comme chef d'une parenté nombreuse, comme homme à multiples relations, comme excellent convive.

C'est ainsi qu'il réunissait tous les hivers, en assises périodiques, pour ainsi dire, autour de sa table, toujours admirablement servie, quoique sans luxe et sans futilités coûteuses, une première fois, les membres du tribunal et du barreau, fraternellement associés sous son influence ; en second lieu les prêtres de la paroisse, les aumôniers des hôpitaux, les supérieurs des séminaires ; troisièmement, ses quatre frères ou sœurs, avec leurs enfants, ainsi que tous les chefs ou représentants des diverses branches qui portaient le nom d'Azaïs ; quatrièmement enfin, les gens du tribunal, d'un ordre subalterne, qu'il traitait en véritables amis, quoique sans rien céder de la dignité de son caractère, dans toutes ses relations avec eux.

Aussi, qui ne se souvient encore, soit pour y avoir participé, soit pour en avoir entendu parler, de la magnifique fête qu'il donna, dans une des plus grandes salles de la mairie, lors d'un de ses retours de Paris, où l'avait appelé le réglement de quelques affaires de famille, à soixante-et-dix personnes attachées directement ou indirectement au tribunal, et auxquelles il prétendait témoigner sa reconnaissance pour l'avoir, de près ou de loin, suppléé dans l'exercice de ses fonctions, pendant une absence de deux mois. Cette absence justifiée par un congé régulièrement obtenu, est la seule qu'Azaïs se permît pendant trente-deux ans de magistrature.

Elle lui servit d'occasion pour annoncer à M. le garde des sceaux, que l'arriéré des affaires du tribunal de Castres n'existait plus ; qu'il avait disparu avant le terme fixé par ses engagements, et que désormais il ne se renouvellerait pas. Son chef de justice, accueillit-il cette nouvelle comme il aurait dû le faire? Eut-il l'idée de donner à Azaïs, la distinction honorifique qu'il méritait? Comprit-il la valeur de cet humble président de première instance qui voulut de si bonne heure borner sa carrière à cette position relativement subalterne? Nul ne le sait. Car Azaïs affecta, après sa rentrée à Castres, de ne jamais mentionner l'audience qu'il avait obtenue de M. le comte de Peyronnet, alors garde des sceaux. Il est vrai que dès ce moment ses opinions politiques se modifièrent considérablement, comme la chose sera expliquée dans la suite de cet écrit, à un point de vue plus général.

Le président Azaïs reprit donc son œuvre. Il la
maintînt dans la même direction d'activité et de dévouement. Seulement, à cause de la disparition de
l'arriéré il réduisit les travaux de sa compagnie à
une seule audience par jour. Le temps qu'il conquit
ainsi, il l'employa aux affaires publiques de sa ville
natale, principalement à la gestion des intérêts des
hôpitaux, des séminaires, du bureau de la miséricorde, de la fabrique ; intérêts la plupart du temps
encore confondus, par conséquent difficiles à manier
sans des sacrifices ou des empiètements réciproques.

Rien de tout cela n'était au-dessus des forces ou
de l'aptitude d'Azaïs. Plus tard on l'eut appelé un
faiseur; ce mot même pris en mauvaise part, ne l'aurait pas découragé. Il savait que le caractère de
l'homme public, attend sa récompense, souvent la
seule, de plusieurs successions d'années. Mais il n'i-
gnorait pas aussi que la vie officielle repose tout
entière sur des principes. Or les siens, commençaient
à se montrer supérieurs aux circonstances ; témoin la
manière dont il accueillit comme président les fa-
meuses ordonnances de 1830.

Il les reçut le premier à Castres, le 2 août, au moment où il allait tenir l'audience. Il les communiqua
à ses collègues, et aux membres du barreau, dans
la salle du conseil ; puis , au milieu d'une stupeur
générale, jetant le journal sur une table, il s'écria:
Qui se délie délie… mais la France reste, et la jus-
tice ne vaque jamais en France. Montons sur le siége
et poursuivons notre devoir. — trois affaires furent
jugées ce jour-là.

Cette affirmation de la justice qui ne vaquait pas, cette invocation à la France, toujours survivante aux ébranlements politiques, cette assiduité au devoir, pratiquée au bruit d'un gouvernement qui s'écroulait, tels furent les principes du président Azaïs avant et après la révolution de **1830**. Sa conduite les sanctionna pendant sept ans encore, malgré les dangers et les intermittences de la longue maladie à laquelle il devait succomber.

Il prêta serment au nouveau règne, sans restriction mentale, sans se dire, comme tant d'autres, forcé par les circontances, sans rêver avec eux le retour impossible de Henri V. Il accepta avec empressement les nouveaux collaborateurs qui lui furent donnés. Il leur applanit les difficultés d'une position nouvelle. Il les initia à la connaissance du pays ; il les soutint de son influence, lorsque la réaction voulut les emporter. Aussi, trouva-t-il bientôt dans leur concours, dévouement, affection et reconnaissance. Ces sentiments lui survécurent. Un de ses collègues de cette époque, devenu son successeur, les a manifestés hautement dans toutes les occasions ; jusques-là même que pour les exprimer d'une manière plus explicite, il s'était chargé d'un travail analogue à celui qui fait l'objet de cette étude, travail que la mort seule l'a empêché d'exécuter.

Il convient ici de reprendre la vie politique d'Azaïs au lendemain de sa réinstallation comme président du tribunal, après les événements de 1815.

VII

Le retour des Bourbons, sans rien ajouter à la sincérité des opinions royalistes d'Azaïs, les anima d'une certaine exaltation. Il avait épousé leur cause, lors des événements de fructidor, il croyait en avoir reçu la récompense par sa promotion aux fonctions de président ; il vivait d'ailleurs dans un milieu presque exclusivement dévoué au principe de la monarchie par droit de naissance. Sans doute son esprit sûr, sa nature plébéienne, son éducation libérale, son premier enthousiasme pour les événements de 1789, lui faisaient attacher un grand prix aux garanties écrites dans la charte ; mais il subordonnait encore celle-ci à la puissance du Roi. Il voulait avant tout, le voir *gouverner et régner*, en vertu du fait héréditaire, qu'il supposait assez fort en lui-même pour assurer à tous sécurité et protection.

Tels étaient les sentiments politiques d'Azaïs, lorsque, sans le connaître personnellement, le Maréchal Soult, soumit à son appréciation de compatriote et de jurisconsulte, un *mémoire justificatif* de sa conduite pendant les cent jours, rédigé, disait-on, par le célèbre avocat Manuel. Cette démarche de la part d'un si haut personnage qu'il n'avait entrevu que deux fois, la première, lors de son entrée à Castres, après la bataille de Toulouse, la seconde, quelques jours après, à l'occasion de la fameuse revue passée dans la plaine de Lavaur par le duc d'Angoulême, lui parut d'abord fort extraordinaire. Elle lui fut expliquée plus tard par le Maréchal, qui lui dit avoir été fixé sur son mérite, par le général Ricard, toujours ami de l'un, et devenu le chef d'état-major de l'autre.

Azaïs étudia le mémoire ; il l'approuva sur tous les points, excepté sur un seul. Il eût voulu que toute la seconde partie fût *réduite* à ces mots :

« J'ai été nommé major-général des armées ; j'ai « obéi, j'ai signé en cettte qualité un ordre du jour « aux soldats, ouvrage du gouvernement auquel « j'obéissais. J'ai combattu les prussiens et les an- « glais à Fleurus et à Waterloo. Si ce sont là des « crimes, je suis coupable.... »

Le Maréchal tînt à conserver la dissertation, évidemment sans portée utile à sa cause, sur le *gouvernement établi,* sur *la loi de la nécessité,* sur *l'autorité de circonstance*..... il n'en resta pas moins à la tête de la liste des proscrits. Trois ans de séjour à l'étranger ramenèrent ses idées sur les hommes les plus justement appréciateurs de sa conduite. A ce titre il distingua Azaïs ; aussi, lorsqu'en **1819** il fut rendu à sa patrie et par suite à ce vallon de St-Amans, qui la représentait à ses yeux avec tant de charme, il s'empressa d'appeler son *avocat consultant* de 1815, pour le remercier avec effusion de son opinion au sujet de la partie du mémoire, qui avait fait leur dissidence, en lui disant : *vous aviez raison.*

Dès ce moment s'établirent entre Azaïs et le Ma-

réchal Soult des rapports presque intimes. Tous les
ans le premier allait le visiter dans sa terre de St-
Amans, ou à l'occasion de ses divers passages à
Castres. Dans les commencements, ils parlaient ensemble très-peu politique. Azaïs n'acceptait pas encore les principes d'un libéralisme que le major-général de Waterloo professait hautement. Les choses
changèrent lorsque dans le premier mois de 1824
Azaïs se présenta à la députation.

Il venait de Paris ; il avait trouvé là une partie de
ses collègues au Conseil des Cinq-Cents, tous royalistes, mais tous aussi persuadés que sans une trans-
fusion des intérêts nouveaux, le gouvernement des
Bourbons ne pourrait pas se perpétuer. Ainsi
pensaient déjà, quoique s'exprimant timidement encore, les frères Bertin, propriétaires du *Journal des
Débats*, dont Azaïs était depuis vingt ans un des lec-
teurs les plus assidus.

La candidature d'Azaïs, quoique très rationnelle
d'après ses idées, ne pouvait être qu'une simple indication de la transformation nécessaire du parti royaliste dans un temps plus ou moins prochain. Il se
trouvait alors dans la plénitude de son unité, par
conséquent de sa puissance. Il n'admettait pas de
nuances ; aussi son triomphe fut-il éclatant dans tous
les colléges électoraux, grands ou petits, d'arrondissement et de département, malgré l'opposition libérale
qui présenta partout des candidats.

Azaïs ne fut pas nommé ; il ne pouvait pas l'être.
Mais son échec devint bientôt une prise de possession

du pays, au nom des intérêts bourgeois, qu'il per--
sonnifiait mieux que personne, indépendamment de
la question politique. Celle-ci ne tarda pourtant pas
à prendre le dessus, au fur et à mesure que les
chambres législatives si compactes dans leur compo-
sition, si envahissantes contre les conquêtes matérielles de la révolution, si peu populaires dans leurs
plans d'avenir, s'affaissaient sans s'en douter sur
elles-mêmes. La presse libre ou censurée, se fit leur
plus mortelle ennemie. La disgrâce de Châteaubriand,
imprima à la feuille des frères Bertin, un caractère
de progrès qui grandit rapidement. Trois années de
ce régime, suffirent pour amener un changement radical dans l'opinion, et pour produire par contre-
coup les élections dites constitutionnelles de 1827.

Azaïs suivit le mouvement avec cette conviction
courageuse qu'il apportait dans le résultat de ses
études de toute sorte. Son éducation politique,
comme tout autre, se formait rapidement au foyer
de son intelligence si prompte et si bien exercée.
Nul ne savait aussi bien que lui, établir un fait, en
déduire les conséquences, formuler celles-ci avec
précision. Sa candidature malheureuse devint ainsi
pour lui un point de départ afin d'apprendre à en
faire réussir d'autres, non plus à son profit, mais à
l'avantage de son pays.

Entièrement d'accord, à ce point de vue, avec le
Maréchal Soult, sans jamais compromettre son indépendance, vis-à-vis d'un homme aussi influent par
lui-même; ayant la force de se refuser à ses deman-

des, quand il s'agissait de certaines nominations peu justifiées sous certains rapports, ils se retrouvèrent parfaitement unis de cœur et d'intention, dans les élections de novembre 1827. Alors, malgré sa promotion de pair de France, promotion toute récente, quoique depuis longtemps commandée, Soult voulut être un des premiers à planter le drapeau du libéralisme sur la ville, chef-lieu de l'arrondissement qui l'avait vu naître. Voici les circonstances de cet événement ; toutefois, comme elles tiennent plutôt de l'anecdote que de l'histoire, l'auteur de ces lignes va se permettre d'en emprunter le récit, à ses mémoires particuliers ; mémoires encore inédits et qui vraisemblablement ne feront jamais l'objet d'une entière publication :

« Le ministre Villèle venait de jouer son va-tout ; il croyait à la perpétuité de son pouvoir. Il ignorait tout ce que sept ans d'intrigue et de satisfactions égoïstes avaient semé dans le pays de causes de ruine ou de dissolution. Il ignorait qu'au-dessous d'une population officielle, gorgée d'or, couverte de distinctions abusives, s'agitait par tous les mouvements d'une presse ou comprimée, ou d'intérêts matériels tenus en souffrance, une jeune génération d'un patriotisme ardent, d'une activité multiple, d'un dévouement absolu aux deux principes positifs de la révolution française, l'égalité des citoyens et l'avènement du mérite personnel.

« L'arrondissement de Castres était alors représenté à la Chambre des députés par MM. de Lastours et de Ranchin. Ces deux noms servaient de drapeau au gouvernement dans les élections prochaines. Tout semblait assurer leur triomphe. Le pays sommeillait encore ; huit jours seulement avant celui de la lutte, le parti libéral commença à s'y préparer, sans croire encore le moins du monde à un résultat favorable.

« Nous en étions à ce point, lorsque un samedi soir, au fonds d'une allée de la promenade du jeu de mail, je rencontrai M. le président Azaïs. Il arrivait de St-Amans ; il y était allé faire une visite à M. le Maréchal Soult, à l'occasion de sa promotion à la pairie ; il tenait à la main une brochure ; il venait de quitter à quelques pas de là une voiture de voyage et il se dirigeait vers ma maison. — Eh bien ! lui dis-je en l'abordant, que vous a dit M. le Maréchal ? — De penser aux élections. — A-t-il un candidat à nous recommander ? — Non, mais il votera avec l'opposition, comme je le ferai moi-même, s'il y a sur les rangs le moindre nom sérieux. — A propos, ajouta-t-il en me quittant, voilà une brochure dont M. le Maréchal m'a recommandé la lecture, je l'entreprendrai plus tard ; en attendant tu peux t'en charger pour ton compte ; je crois qu'elle t'intéressera.

« La brochure en question, de format in-4°, parfaitement imprimée, sur très beau papier, portait pour titre : *Des forces productives de la France, par le baron Charles Dupin*. Je la tenais encore à la main et je commençais à la parcourir, lorsque je me sentis interpellé par une voix nouvelle. C'était celle de M. Auguste Guibal, alors manufacturier à Castres.

Il revenait de sa campagne de Lamousié. — Que dit-on des élections, me demanda-t-il ? — Le Maréchal nous recommande d'y songer. — Qui vous l'a assuré? — Le président Azaïs, que je quitte à l'instant, venant de St-Amans. — Qui nous propose-t-on ? — Personne ; mais on acceptera qui nous voudrons. — Je ne connais personne. — Ni moi non plus. Et nous voilà l'un et l'autre cherchant quelques noms propres dans le vocabulaire des anciennes élections, mais les trouvant tous entourés de difficultés insurmontables. Au moment de nous séparer, M. Guibal me dit, en indiquant la brochure que je feuilletais : qu'avez-vous là ? — Vous le voyez ; *Des forces productives de la France.* — Qu'est-ce que c'est ? — Je l'ignore encore, mais je le saurai demain. — Par le *Baron Charles Dupin !* — Est-ce que cela ne pourrait pas faire un candidat ? — Pourquoi pas. — Mais est-il éligible ? — Qu'importe ? nous serions toujours à temps d'en nommer un autre. — Mais qu'est-ce que cet homme ? — Vous le voyez, et je me mis à lire la liste nombreuse des titres scientifiques ou honorifiques, accompagnant son nom et qui ne formaient pas moins de dix lignes en écriture très serrée. — Va pour le baron Charles Dupin, s'écrie M. Guibal en me quittant. Trois heures plus tard les deux cercles de Castres, connus l'un sous le nom de *Société du commerce,* l'autre sous celui de *Salon des jeunes gens,* proclamaient hautement cette candidature, en répétant, nous votons tous pour le baron Charles Dupin ! Huit jours après, ce nom sortait de l'urne avec une majorité de quarante-sept voix.

« Plusieurs éléments avaient concouru à ce résultat ; le vieux parti libéral, ou pour mieux dire révolutionnaire, ne pouvait en revendiquer qu'une partie. Abandonné à ses seules forces, il fût tombé en minorité évidente. Le libéralisme d'un âge plus moderne, formé principalement des jeunes gens appartenant au commerce et aux professions savantes, comptait à peine une quarantaine de voix. Quelques anciens royalistes, protestants de religion, ou désabusés de leurs opinions premières par les préférences exclusives du gouvernement en faveur des catholiques les plus exaltés, figuraient aussi dans l'opposition. Ils énuméraient, au profit de celle-ci, tous les faits locaux d'injustice, d'ingratitude, d'intolérance par lesquels le ministère Villèle avait signalé ses dernières années. Ils se rappelaient, avec ressentiment, qu'un des leurs, d'une famille aristocratique, d'une fortune considérable, de précédents Bourbonniens, venait d'être rejeté comme candidat à une très-humble fonction de magistrature, par cela seul qu'il était Calviniste. Ils reflétaient d'ailleurs plus ou moins les sentiments que Châteaubriand cherchait à inspirer alors aux hommes de la restauration.

« Toutefois cette coalition d'intérêts ou d'opinions, n'aurait pas abouti à un triomphe. Il y manquait un appoint. M. de Lastours, contre qui tout était dirigé, le savait bien. Deux jours encore avant celui de l'élection il se laissait féliciter à huit heures du soir, sur la porte de la sous-préfecture, moi présent sans qu'on s'en doutât, sur le peu de difficultés que présentait sa candidature. « *Quant à votre nom,* lui disait un des séides du parti, *il sortira de l'urne à une belle majorité. Quelques étourdis ont bien mis en avant celui d'un M. Dupin ; mais le pays n'aime pas les étrangers. Les libéraux eux-mêmes, soi-disant patriotes, le repousseront.* — *Je le sais,* répondait M. de Lastours, *car le plus grand nombre a toujours voté pour moi.*

« Cette confiance se manifesta jusqu'au dernier moment. Elle était partagée assez généralement ; les jeunes gens seuls semblaient animés d'une conviction contraire. Ils agissaient, en se multipliant, sur tout ce qu'ils croyaient pouvoir produire un bulletin conforme à leurs désirs. Ils sillonnaient dans tous les sens, la ville et les campagnes ; ils brûlaient les distances, inventaient des moyens extraordinaires de locomotion, répondaient pertinemment aux hésitations de certains électeurs, entraînaient les récalcitrants, soutenaient les timides, encourageaient les plus audacieux ; ils commençaient, en un mot, cette pratique des élections, devenue plus tard la science fondamentale du gouvernement parlementaire.

« Tout cela aurait échoué pourtant, si dans la matinée même du jour du scrutin, et, au moment où un peu d'hésitation de la part des votants semblait se manifester, M. le Président Azaïs n'eût paru à une fenêtre de la maison commune. Dominant de cet endroit un groupe compacte d'électeurs, *Messieurs,* s'écria-t-il, *on fait courir le bruit que je dois donner ma voix à M. de Lastours. Il n'en est rien. Je déclare très authentiquement au contraire, que mon bulletin porte le nom de M. le baron Charles Dupin, et j'engage tous mes amis politiques à en faire autant.*

« Ces paroles produisirent un effet électrique ; elles se propagèrent, avec la rapidité de la pensée, dans le corps électoral ; elles l'animèrent d'une soudaine résolution ; il en sortit instantanément les voix qui déterminèrent la nomination de M. Dupin.

« Ainsi se vengeait noblement, en obéissant à ses nouvelles convictions politiques, le fructidorisé de l'an v, le royaliste dédaigné aux élections de 1824, le magistrat brutalisé par un garde-des-sceaux de la réaction monarchique de 1823, l'homme politique et sincère, rallié par six ans de réflexions aux doctrines du *Journal des Débats*, et de Royer-Collard son collègue d'élection et de proscription aux conseils législatifs.

« L'élection de M. Charles Dupin, fut plus qu'un événement pour la ville de Castres. Elle y marqua comme le signe d'un progrès moral et intellectuel qui ne fit que s'accélérer de jour en jour ; elle y rallia les vieux partis politiques à de nouvelles idées de tolérance et de liberté ; elle y prépara ainsi l'avènement légitime du véritable parti social. »

Rapprocher les individus des différentes croyances religieuses ou opinions politiques, fondre les vieux partis, plutôt factices que réels, dans le creuset des intérêts positifs, moraliser et instruire les classes pauvres, telle fut la source des bonnes relations qui s'établirent entre Azaïs et M. Charles Dupin, à la suite de l'élection de ce dernier. Ils comprirent bien vite l'un et l'autre que tout était à organiser, dans ce but, au sein d'un pays, livré jusque-là aux influences ignorantes ou rétrogrades. Leur correspondance, en partie conservée, prouverait au besoin la générosité de leurs efforts réciproques et personnellement désintéressés ; elle démontrerait aussi quel aurait été le pouvoir de ces deux hautes intelligences, mises en commun, pour la réalisation d'une idée localement philanthropique, si le gouvernement d'alors, si surtout les autorités castraises avaient voulu le seconder. Mais, à part un mouvement industriel, tout entièrement livré à des entreprises privées, néanmoins assez sensible, quant à l'amélioration des populations ouvrières, le milieu sur lequel ils avaient à agir se montrait encore routinier, égoïste, rempli de préjugés et n'acceptant une impulsion que de la part d'hommes à vanités très-étroites, ou généralement dépourvus de savoir. Toutefois les deux initiateurs officieux ne se rebutèrent pas ; ils parlèrent, ils écrivirent, ils groupèrent autour d'eux quelques esprits de bonne volonté; ils tentèrent ainsi, par eux et avec eux, quelques essais d'éducation populaire et jetèrent les fondements de certaines institutions charitables qui se développèrent plus tard, subsistant encore en pleine voie de prospérité.

Un changement radical dans les principes d'Azaïs, par conséquent une direction nouvelle donnée à sa vie politique, datent de cette époque. On va voir les conséquences qui en découlèrent pendant les dix dernières années de son existence.

VIII

Il commença par rétablir une maison hospitalière
de secours à domicile, connue autrefois sous le nom
d'*œuvre de la miséricorde;* les ressources, longtemps
compromises par la tourmente révolutionnaire, exis-
taient entre ses mains. Il les avait affectées tout d'a-
bord à la nécessité de former au plus vite des mi-
nistres du culte, qui manquaient presque partout aux
églises, immédiatement après la conclusion du concordat. La restauration s'était dignement appropriée
cette tâche. La trouvant remplie par d'autres soins
que les siens, Azaïs eut le courage de rendre aux
pauvres, ce que des mains pieuses leur avaient destiné·
Vainement l'influence si grande alors, des passions
politiques ou religieuses, voulut s'opposer à cette affectation. Il la combattit avec la vigueur de son caractère. De plus, il consacra sa volonté, dans un acte
solennel, de manière à ce que jamais elle ne pût être
changée. Ces dispositions concordaient parfaitement
avec la situation d'un pays où les chômages périodiques ducommerce, se manifestaient par des annnées
malheureuses dont tout le poids retombait sur la classe
ouvrière. Celle-ci n'était pas encore arrivée à la propriété, parce que les moyens d'épargne lui manquaient. Ses légères économies se trouvaient absor-
bées, de temps à autre, par l'effet des crises de
l'industrie manufacturière, obéissant aux chances
d'une production désordonnée, tantôt trop considérable, tantôt insuffisante ; pourtant tout l'avenir de
la ville de Castres reposait sur elle !

Azaïs en était convaincu plus que personne. Enfant d'une famille parvenue à l'aisance par le travail, accoutumé à remplir de la même manière, toutes les heures de sa journée, fier de la considération qu'il s'était acquise en ne reculant devant aucune tàche d'intérêt public, aimant les pauvres par esprit d'égalité civile et de fraternité religieuse, il n'avait jamais perdu de vue le devoir d'améliorer leur sort. Aussi, immédiatement après la révolution de **1830**, qu'il avait reçue ainsi qu'on l'a vu plus haut, fut-il un des premiers à proposer à ses compatriotes la fondation d'une caisse d'Epargnes, sollicitant de tous, grands et petits, protestants et catholiques, prêtres et séculiers, les moyens d'asseoir solidement, à l'aide d'un concours unanime, les destinées de cet admirable établisssement.

Son patriotisme, régénéré par les circonstances, d'accord d'ailleurs avec les vues d'un gouvernement qui ne voulait et ne pouvait plus être exclusif, procédait désormais d'un fait de conciliation, nécessaire au perfectionnement intellectuel et physique de sa ville natale. A ses yeux le principe de la liberté était devenu celui de la tolérance. Il en donna une preuve authentique, le 13 août 1831, à l'occasion de la mort de son plus jeune frère, Antoine-Louis-Rose Azaïs, auquel l'auteur qui écrit ces lignes, consacra une notice biographique, dans le livre de M. Nayral (Biographie Castraise), notice pouvant servir de complément à la présente étude historique.

L'enterrement de M. Louis Azaïs venait d'avoir lieu.

Toutes les notabilités de la ville y assistaient, ou y avaient été représentées. La tête du deuil était conduite par le sous-préfet et le maire, tous deux de la religion protestante. Le cortége rentré dans le salon du mort, se trouvait formé en cercle, avec le président Azaïs et sa famille au milieu. Alors prenant la parole :

Messieurs, dit-il, au nom des parents de mon pauvre frère, je remercie toutes les personnes ici présentes, du concours qu'elles nous ont prêté dans cette triste circonstance. Je remercie plus particulièrement celles qui appartiennent à une autre croyance que la mienne. Jusqu'à ce jour l'usage était, dans la ville de Castres, que chaque culte enterrât séparément ses morts ; cet usage n'aurait plus sa raison d'être, après l'exemple qui vient de nous être donné. C'est pourquoi je prends ici l'engagement de me rendre désormais à l'enterrement de tout protestant, mon concitoyen, lorsque j'y serai convié.

Un assentiment unanime accueillit ces quelques mots, et, dès ce jour, les cérémonies funèbres des Castrais ont réuni indistinctement les membres des deux religions.

En donnant le premier signal de cette pratique de confraternelle tolérance, Azaïs obéissait à ses plus sincères convictions. Il qualifiait ainsi son adhésion non-équivoque aux principes d'un gouvernement qu'il n'avait nullement cherché à amener, mais qui représentait à ses yeux, le véritable esprit de l'époque. Il s'était rallié à lui dès le premier jour ; il le servait de toute son influence sur le pays, en dirigeant dans un sens libéral, sage et modéré, les élections politiques ou les choix administratifs et judiciaires ; et cependant, il n'en avait personnellement rien obtenu ; il est vrai que, pour son propre compte, il avait pris l'habitude de ne jamais rien demander.

Cette abnégation, trop exclusive, pesait à ses nombreux amis. Ils la trouvèrent exhorbitante lorsque, dans les premiers jours de **1832,** ils purent lire dans les journaux officiels, une ordonnance, accordant au président du tribunal civil d'Albi et à celui de Gaillac, la croix de la légion d'honneur, tandis que, avec les mêmes titres de services et de considération, Azaïs avait été oublié. Un de ses proches, agissant à son insu, écrivit immédiatement à M. le marquis Jules de Mornay, gendre du Maréchal Soult, afin de lui signaler cette injustice.

Ce dernier alla immédiatement trouver son beau-père : il lui exposa le fait. — Allons donc, répondit brusquement le Maréchal, il y a dix ans qu'Azaïs est décoré (c'est à cette époque, en effet, qu'il aurait dû l'être). — Voilà pourtant ce qu'on m'écrit. — Répondez de suite qu'il le sera demain. Ce qui eut lieu. ·

Azaïs apprit sa nomination par une lettre du garde-des-sceaux, lettre qu'il montra le jour même à un de ses neveux, en lui disant : je ne sais qui a fait la demande. — C'est moi, lui répondit celui-ci. — Eh bien ! je t'en remercie.

A l'occasion de cette distinction accordée à un mérite personnel incontestable, aussi bien qu'à de longs et nombreux services, il est bon de faire connaître, comment elle fut envisagée par un frère d'Azaïs, homme comme lui, d'un grand caractère, mais dont les opinions politiques différaient essentiellement des siennes.

Il lui écrivait :

« La croix d'honneur qui vient de t'être accordée est, sans doute, mon très-cher frère, le juste prix de tes longs services ; je suis seulement fâché que tu l'obtiennes dans ces circonstances. Cet acte de justice est à mes yeux trop tardif ou trop prématuré. Toutefois puisque cet évènement te fait plaisir, je t'en félicite : mais pour ma part je ne saurais envier un pareil avantage. »

Azaïs répondit :

« Je n'ai demandé, ni désiré la croix d'honneur, sous le nouveau régime pas plus que sous l'ancien. Je la reçois quand on me la donne, sans regrets ni espérances chimériques. Il faut accepter les faits accomplis. Nous ne savons pas plus ce qui existera dans quelque temps que nous ne savions en 1830, ce qui devait arriver alors. Mais nous appartenons à la patrie et non à un homme ou à une famille. Les uns disparaissent, l'autre reste. Les devoirs envers les premiers ne dérivant que de leurs propres devoirs et des nôtres envers celle-ci, nous sommes affranchis de ceux-là par des événements, sur les causes et les suites desquels les opinions peuvent être divergentes. Mais rien ne peut nous affranchir des seconds :

ils nous imposent le sacrifice de nos intérêts ; à plus forte raison de nos affections, et nous interdisent non seulement toute coopération, mais même tout vœu qui, hostile à ses lois et contraire à son repos, serait aussi funeste à sa prospérité et pourrait compromettre son existence. Si tout le monde avait ainsi compris son devoir, les perturbateurs seraient hors d'état d'agir et nous serions dans une position bien plus prospère. Vouloir brûler sa maison parce que l'entrée en serait interdite à quelqu'un que nous affectionnons, serait un acte de haute folie, et d'une folie bien criminelle si l'incendie devait en même temps embraser tout le voisinage. Encore une fois, que tous les honnêtes gens acceptent les faits accomplis ; qu'ils acceptent consciencieusement les conséquences du serment qu'ils ont presque tous prêté ; et que, par un heureux accord, nous soyons préservés du règne des méchants, des discordes civiles, des guerres et de l'invasion des étrangers. »

Jean-de-Dieu Azaïs, au nom de ses principes royalistes et catholiques, répliquait à son tour :

« Je sais très-bien, mon très-cher frère, que tu n'as pas fait des démarches pour avoir la croix, qui t'a été accordée ; et je sais aussi qu'étant due à tes services, ce n'est pas une faveur dont tu as été l'objet. Mais je ne puis reconnaître au premier venu le privilége de décerner des récompenses nationales, et c'est en quoi notre opinion est divergente. Des factieux, ont bien pu, par des complots audacieusement tramés, surprendre à l'improviste un gouvernement trop confiant et désarmé, et l'anéantir en quelques heures ; mais le pouvoir qu'ils ont établi sur des débris ne sera jamais que le produit de la révolte, et le triomphe de la force brutale sur le droit et la légitimité. Ainsi, tant que la notion du juste et de l'injuste ne sera pas entièrement effacée du cœur de l'homme, on ne reconnaîtra pas à de sujets rebelles le droit de changer les dynasties, de fouler aux pieds les institutions d'un pays et de substituer leur caprice à la force des lois. Il est vrai que dans ce cas on est obligé d'accepter les faits accomplis et c'est ce que je fais pour ma part, puisque je ne puis rien et que je cherche mon repos. Ce motif et non le serment dont j'ai été délié au moment que le pouvoir du jour a donné à un autre la place que j'occupais et à raison de laquelle il l'avait seulement exigé, ce motif, dis-je, paralyse ma volonté et m'interdit toute démarche ; mais il ne saurait étouffer mes vœux pour un meilleur avenir. Je subordonne toutefois ces vœux à la volonté de Dieu qui saura bien, quand son temps sera venu, remettre chacun à sa place et faire cesser cet état d'anarchie qui désole la France. Il ne lui faut pas de grands efforts pour opérer cette métamorphose ; un souffle de sa volonté a renversé de nos jours une puissance bien plus colossale, et il fera disparaître, sans doute, plus tard, tous ces démolisseurs de croix, nouvelle espèce de déicides et ces fiers dominateurs du moment, qui n'ont su offrir à l'Europe que le spectacle de leur nullité, de leur délire, et la triste image d'un torrent, qui franchissant ses barrières va porter partout le ravage et l'effroi.

« Je suis bien fâché que nous n'envisagions pas les choses sous le même point de vue ; mais je parle d'après ma conviction et je suis bien loin d'avoir le projet de provoquer la moindre rancune de ta part et de troubler en rien la satisfaction que peut te faire éprouver ta nomination. »

Ces opinions si divergentes dans leur principe, dans leurs motifs, dans leur expression, entre deux frères ayant au fonds les mêmes intérêts, d'une éducation et d'une intelligence à peu près égale, d'un avantage de fortune et de famille identique, prouveraient, une fois de plus, combien était fausse alors et par conséquent trop précaire la situation de la France.

Celle-ci se préoccupait par-dessus tout de la forme du gouvernement, du nom de ses dynasties, de l'avènement, à l'exercice de quelques pouvoirs secondaires, de tels ou tels individus, enfants de la presse ou de la tribune. Elle soupçonnait à peine la valeur des conditions sociales qu'il fallait pourtant étudier, comprendre, développer par amour patriotique, en vue de l'amélioration pacifique du sort de toutes les classes. Avec une intelligence plus générale de ce devoir, l'autorité aurait appartenu de droit, aux hommes les plus capables de se diriger et de diriger les autres dans cette voie. Elle aurait enseigné à penser un peu moins aux personnes et un peu plus aux choses. Sans rien perdre du respect que l'on doit toujours aux faits du *passé* quand ils ont été civilisateurs, sans se laisser trop absorber par les jouissances égoïstes du *présent,* qu'il importe toujours de modérer, elle aurait fait sa part légitime aux espérances de l'*avenir* de manière à s'en rapprocher chaque jour, en vertu même de la loi du *progrès*.

Azaïs avait-il un sentiment bien précis de ces vérités ? instinctivement oui ; scientifiquement, peut-être non. Cependant que de raisons pour faire supposer qu'il était pour le gouvernement nouveau, autre chose qu'un serviteur rattaché à lui par des devoirs publics, et dévoué à son existence par un serment libre ! Il le comprenait évidemment, comme ayant un rôle plus large à remplir que celui de représentant officiel des intérêts de la classe bourgeoise ; car, d'après ses actes, il ne pouvait pas admettre que le règne de Louis-Philippe dût être le dernier mot de la révolution française.

C'est pour cela qu'en dehors de la question politique sur laquelle il ne pactisait pas, il avait une tolérance infinie pour certaines opinions philosophiques professées autour de lui par des membres de sa propre famille ; mais en même temps il combattait avec courage, à cœur ouvert, sans hésiter, toute coalition des vieux partis, se vengeant à son égard de leurs défaites par d'ignobles calomnies, ou par des lettres anonymes. Ces moyens de récrimination le touchaient peu. A chaque élection, on le retrouvait sur la brèche, toujours prêt à soutenir de ses conseils, de son influence, de son vote les candidats qui lui semblaient le mieux appropriés aux besoins de la France nouvelle, comme à ceux de son pays natal. Depuis 1824, il avait très formellement renoncé, pour son compte, à rentrer dans la carrière législative. Mais il tenait à l'ouvrir à des hommes d'une puissante activité, d'un savoir suffisant, d'une probité sévère, formés aux leçons de son expérience, de sa conversation, de sa bonne volonté. Ce patronage, il l'exerçait sans morgue ni raideur. Populaire de droit, de fait et d'intention, aimant l'égalité par principe religieux, ne manquant à aucune convenance, sachant tenir son rang vis-à-vis de qui que ce fût, toujours prêt à rendre service, admirablement dévoué à ses devoirs de famille, même dans des circonstances qui froissaient évidemment ses plus chères affections, tenant à l'honneur de son nom, qu'il n'aurait jamais consenti à défigurer par aucun titre. Si, dans les dernières années de sa vie, il accepta les fonctions honorifiques de membre du conseil municipal, du conseil général, de directeur de la caisse d'épargnes et plusieurs autres, ce fut uniquement pour prendre sa retraite au milieu des œuvres d'administration, de magistrature et de philanthropie auxquelles il avait voué toute son existence.

Azaïs, atteint depuis deux ans d'une longue et cruelle maladie, mourut en possession de son siège de président, le 14 avril 1837 ; il avait, dans cet intervalle, consigné par écrit ses dernières volontés. Elles sont celles d'un esprit fort et d'un chrétien sincère, comme le prouverait cette phrase qui caractérise une tradition de famille, à laquelle tous les siens se sont montrés fidèles : « *Régler mes honneurs funèbres dans toute la simplicité compatible avec la position sociale où je me trouverai à l'époque de mon décès. La pompe des funérailles n'est bonne qu'à faire ressortir la vanité de nos desseins et le néant de notre nature. Un regret de l'homme de bien, un soupir du pauvre honorent mieux une tombe que toutes ces conventions de l'orgueil, consacrées par l'usage, à travers lesquelles la pensée se repose toujours sur un cadavre. »*

FIN.

SOMMAIRE ANALYTIQUE.

§ 3. — Service militaire. — Effets directs et indirects de la Révolution de 1789 ; levée en masse ; régiment des *Dragons du Tarn* ; — Azaïs y prend une place subalterne mais distinguée ; il est fait prisonnier à côté de son général ; — Son retour à Castres ; — Lettres à un de ses amis ; sa conduite pendant les derniers temps de la *Terreur* ; — Causes de la popularité qui ne tarde pas à s'attacher à son nom ; — Son début comme avocat.

§ 4. — Services civils. — Caractère des administrations locales à cette époque ; — Brigandage à réprimer ; arrestation, surveillance et exécution d'un fameux voleur, connu sous le nom de *Valenciennes* ; — Azaïs nommé membre du *Conseil des Cinq-Cents* ; — Il y est atteint par les événements de fructidor ; — Son séjour à Paris, auprès d'une de ses parentes dont les rapports et l'influence complétent son éducation ; — Ses rapports avec quelques hommes, devenus célèbres depuis, notamment avec Royer-Collard...

§ 5. — Premières fonctions judiciaires. — Azaïs est nommé juge, à l'occasion de la mort de son père ; ses dispositions déjà reconnues pour cet emploi ; ses travaux administratifs ; sa candidature, non suivie d'effet, au Corps législatif ; — Son rôle, lors des évènements de 1814, époque à laquelle il reçoit sa promotion à la place de président du tribunal de première instance de Castres ; — Flat-

rance religieuse, à l'occasion de la mort de son plus jeune frère ; — Il obtient enfin, sans l'avoir demandée, la croix de la Légion d'honneur ; — Correspondance à ce sujet entre lui et un membre de sa famille ; — Lettres très remarquables de l'un et de l'autre ; — Considérations explicatives de certaines dissidences politiques. — Caractère particulier de Jean-François-Joseph Azaïs au terme de sa carrière ; sa mort et un passage de son testament... Pages 71 à 81.

Imprimerie de veuve Grillon , A. Terrisse et I. Fabre.

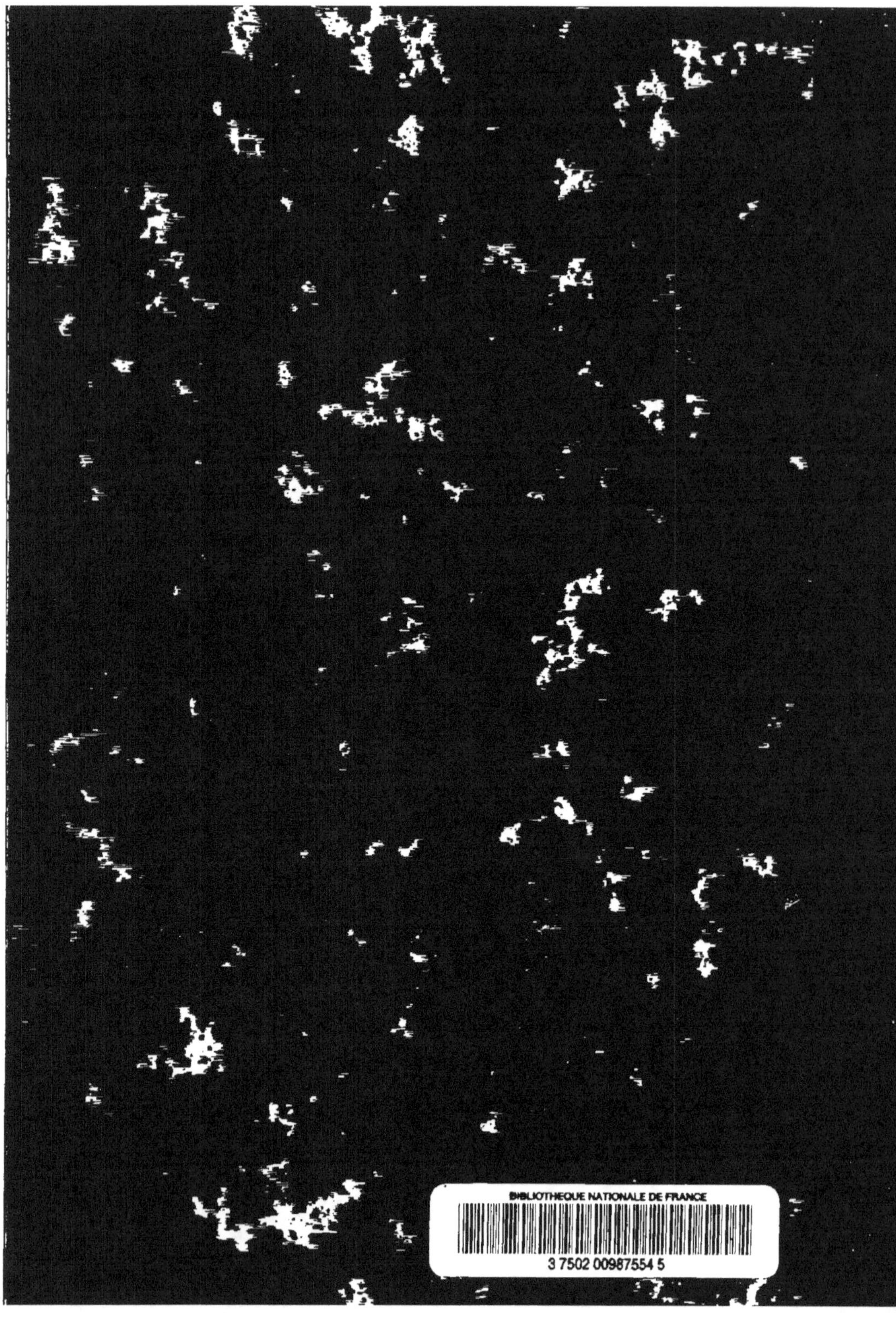
BIBLIOTHEQUE NATIONALE DE FRANCE
3 7502 00987554 5